Copyright © 2020 William Joseph Gooding Ortiz
Todos los derechos reservados.
ISBN-13: 9798653801433

WILLIAM JOSEPH GOODING ORTIZ

CONHECIMENTOS BÁSICOS E PRÁTICOS DO REVENUE MANAGEMENT HOTELEIRO

Pequenos empreendimentos também merecem concorrer com as grandes redes hoteleiras, mas o principal é o conhecimento básicos do Revenue Management hoteleiro.

SUMÁRIO

Unidade 1: INTRODUÇÃO AO REVENUE...................................5
Unidade 2: CONTROLE DA DEMANDA......................................46
Unidade 3: ELASTICIDADE DA DEMANDA...............................103
Unidade 4: FERRAMENTAS PRÁTICAS DO REVENUE............165
Vocabulário do: Revenue Management..221

William Joseph Gooding Ortiz

Conhecimentos Básicos e Práticos do Revenue Management Hoteleiro

UNIDADE 1

Introdução ao Revenue.

Objetivos da Unidade: O Objetivo da <u>Unidade 1</u> é entender os conceitos básicos e fundamentais do Revenue Management. É uma unidade totalmente teórica. Porém, acreditamos que é fundamental que todos os conceitos teóricos fiquem bem claros antes de passar ao plano prático.

A ideia desta unidade é ir desde o genérico ao específico. Iniciaremos com a diferença que caracteriza os serviços dos produtos, para então explicar as origens do Revenue Management e sua definição.

Acreditamos que sempre é importante ter uma base teórica e entender a matéria que estamos estudando desde os fundamentos. Ter uma boa base de teoria ajuda a aplicar de forma correta a prática.

Conhecimentos Básicos e Práticos do Revenue Management Hoteleiro

---

Uma vez terminada esta unidade, o leitor poderá responder as seguintes perguntas do Revenue Management: QUE, COMO, QUANDO, ONDE e PORQUE.

William Joseph Gooding Ortiz

TEMAS DA UNIDADE 1

1. Diferenças entre Produtos e Serviços
2. Características dos Hotéis
3. Tarifa NÃO é só o Preço
4. Mundo Perfeito do Hoteleiro
5. Definição do Revenue Management
6. Nascimento do Revenue Management
7. Segmentação: O mais importante
8. Classes Tarifárias
9. Objetivo Máximo do Revenue Management: RevPar
10. Justiça e Injustiça do Revenue Management

DIFERENÇA ENTRE PRODUTOS E SERVIÇOS

É importante deixar algo bem claro no começo desta unidade: os produtos e os serviços têm características totalmente distintas. Não é a mesma coisa comercializar um Produto que um Serviço. Um Iogurte é distinto de uma Sessão de Massagem, assim como um Desodorante se comporta totalmente diferente de uma Visita ao Dentista.

Enfim: os produtos são distintos dos serviços.

E um Hotel é um Serviço. Muitos diriam que um Hotel tem um grande componente de produtos, e isso é totalmente correto. Um Hotel funciona em um edifício, tem elevadores, camas, frigobares e geralmente brinda um café da manhã; todos esses serviços são produtos físicos. Mas o serviço da Hotelaria, neste caso, podemos dizer que é PURAMENTE um Serviço.

Lamentavelmente, lidar com serviços é mais complexo que lidar com produtos. Agora vamos ver algumas destas complexidades.

CARACTERÍSTICAS DOS HOTÉIS

Como foi dito recentemente, os Hotéis são puramente e principalmente SERVIÇOS.

Já que compartem as características de um Serviço em geral.
Aqui listamos as 3 características principais dos Hotéis que influenciam no Revenue Management:

CAPACIDADE FIXA

Esta característica menciona a quantidade de habitações fixas de um Hotel. Diferente de um supermercado que pode decidir comprar mais produtos ou estocar mais ovos de Páscoas para a Semana santa, em um Hotel a capacidade de habitações é fixa. A não ser que um Hotel tenha mais espaço para construir, a capacidade dele é fixa. Todo hoteleiro gostaria, igual que o supermercado com os ovos de Páscoas, de poder ter mais habitações disponíveis em datas especiais ou em um Congresso onde há muita demanda. Entretanto, lamentavelmente o Stock de Habitações é FIXO.

INVENTÁRIO PERECÍVEL

Os supermercados têm a sorte de que a caixa de arroz que não pôde ser vendida na Quarta, poderá ser vendida na Quinta ou na Sexta. Já que seu stock não vence rapidamente. Ou seja, que se pode estocar. Em um Hotel, uma habitação que não pôde ser vendida na quarta-feira é um capital perdido. Não poderá ser vendida nem na quinta-feira, nem na sexta-feira. Diretamente esse vazio não se pode estoquear para ser vendido depois. Isso implica que NUNCA se pode recuperar o capital perdido pelas habitações vazias. É dinheiro perdido. Este é um dos conceitos que o Revenue Management toma como principal.

DEMANDA VARIÁVEL NO TEMPO

Dependendo do Hotel ou destino, todos nós sabemos que em uma data pontual (por exemplo, o dia 24 de dezembro de 2018) as habitações serão reservadas com vários dias de antecipação. Ou seja, que as reservas vão entrando à medida que passa o tempo, inclusive no mesmo dia em questão.

É algo que não podemos controlar, é como os hóspedes realizam suas reservas. Outra característica que influencia no Revenue Management é que há momentos onde um Hotel ou destino é mais demandado que em outros momentos. A partir disso surgem as famosas Temporadas Alta, Média e Baixa.

Se bem que esses 3 aspectos podem ser analisados de maneira separada, o Revenue Management decide analisá-los em forma conjunta e simultânea. Quer dizer que não podemos expor cada um desses temas isoladamente.

A TARIFA NÃO É SÓ O PREÇO

Esse é outro conceito que queremos deixar bem claro antes de metermos de cabeça no Revenue Management.

No qual é que a TARIFA NÃO É SÓ O PREÇO.

Que quer dizer isso?

Praticamente, isso quer dizer que a Tarifa de um Hotel não condiz somente com o componente do preço, senão que também condiz com todo o grupo de condições adicionais dentro dela.

É verdade que o Preço é o componente mais importante de uma Tarifa, entretanto, NÃO é o único.

Vamos dar um exemplo bem claro. Supomos que somos proprietários de um Carro Ford Fiesta Ambiente Plus Ano 2007, e que desejamos vendê-lo. Colocamos um anúncio em um Classificado Online e recebemos duas consultas. O interessado A e o Interessado B.

A cada um deles sugerimos duas propostas distintas.

Interessado A

Preço: US$ 10.000
Forma de Pagamento: 12 parcelas de US$ 1.000 sem juros.
Data de Entrega: Imediata
Garantia: 1 ano desde o momento da compra

Interessado B

Preço: US$ 8.000
Forma de Pagamento: À Vista Imediata
Data de Entrega: 2 meses após a compra
Garantia: Sem garantias

Pode-se ver que a cada um dos interessados foi feita uma proposta distinta. O automóvel é exatamente o mesmo, porém o preço de venda é diferente e as condições são distintas.

No primeiro caso foi dado um preço mais caro, mas as condições da venda são mais favoráveis para o interessado. Enquanto que para o segundo interessado foi dado um preço mais econômico, porém as condições da venda são muito mais estritas que o primeiro caso.

Nota-se que a Tarifa NÃO é só o Preço.

TARIFA = PREÇO + CONDIÇÕES DE VENDA

Alguns exemplos de condições de venda aplicadas na Hotelaria são:

Política de Cancelamento: Estritas versus flexíveis
Política de No Show: Estritas versus flexíveis
Antecipação na Reserva: Muita Antecipação versus Pouca Antecipação
Antecipação no Pago: Pré-pago versus Conta Corrente
Forma de Pago: À Vista, Cartão de Crédito, Cheques, etc.
Comissão do Intermediário: Comissões Baixas versus Comissões Altas.

A lógica nos diz que quando temos condições que são estritas ou duras, os preços tendem a ser mais baixos. Quer dizer que se um comprador está disposto a ter um bom preço, vai aceitar termos e condições que não são tão favoráveis. Enquanto que ao contrário, quando as condições são flexíveis ou ajustáveis, o preço tende a ser mais alto.

Conceitualmente, algo que queremos deixar bem claro é que ao momento da comercialização de hotéis, nem tudo é sobre preço; senão que também tem que ver com as condições. É por isso que devemos começar a falar de Tarifas (que seria o conjunto de preços e condições).

Exemplo:

O MUNDO PERFEITO DO HOTELEIRO

Antes de entrarmos diretamente na parte do Revenue Management, queremos realizar um exercício utilizando um pouco de imaginação. Supomos que estamos no mundo ideal e perfeito para todos os hoteleiros. É um mundo onde todos nossos desejos podem se tornar realidade e podemos escolher livremente como vender nosso hotel.

É neste momento que pedimos um pouco de reflexão e perguntamos: Se pudesse escolher a forma de vender os quartos de seu hotel, o que faria? Pense e reflexione livremente e sem limitações. Tudo é possível. Pode escolher como desejaria vender.

Nos cursos que são presenciais, quando realizamos estas perguntas, se inicia uma confusão e ao mesmo tempo um entusiasmo, já que cria uma boa sensação de como seria poder escolher a forma de vender. No final, os alunos mais ou menos coincidem com os seguintes aspectos.

Em relação ao Preço. "A que preço venderiam cada tipo de quarto"? Obviamente todos escolhem o mais caro possível. O que quer dizer, o preço mais alto do Hotel. Sem nenhuma promoção ou desconto. Sempre o preço mais alto.

William Joseph Gooding Ortiz

Em relação aos Canais de Venda. Por onde gostariam que se comercializasse seu hotel? Obviamente todos escolhem que os hóspedes entrem em contato diretamente com o hotel, tendo assim 0% de comissão de intermediação. O Hóspede entra em contato por e-mail, por telefone ou reservando diretamente através da página web do hotel. Dessa maneira o Hotel deixa de ter gastos de intermediação. Neste mundo perfeito, vemos que desaparecem os Tour Operadores e as Agência de Turismo.

Em relação à Política de Cancelamento e No-Show. Como desejariam que fossem? Aqui todos coincidem em colocar uma política extremamente rígida, que não aceite modificações nem cancelamentos. Quer dizer que uma vez que se reserve, é impossível modificar datas ou cancelar.

Em relação à Antecipação, obviamente que todos escolhem que seja a maior possível. Quer dizer que as reservas cheguem dois anos antes da data de check in, assim o hotel pode se organizar.

Com respeito aos mínimos de estadia, escolhem longos períodos de estadia. Já que criam menos inconvenientes e menos de trabalho para o check in e check out.

Agora vamos ver um quadro onde, no eixo horizontal estão localizados os preços, que vão desde os mais baixos aos mais altos, da esquerda à direita. Enquanto que no eixo vertical mostra a condições de venda. Que vão desde Flexíveis a Estritas, no sentido de Baixo para Cima.

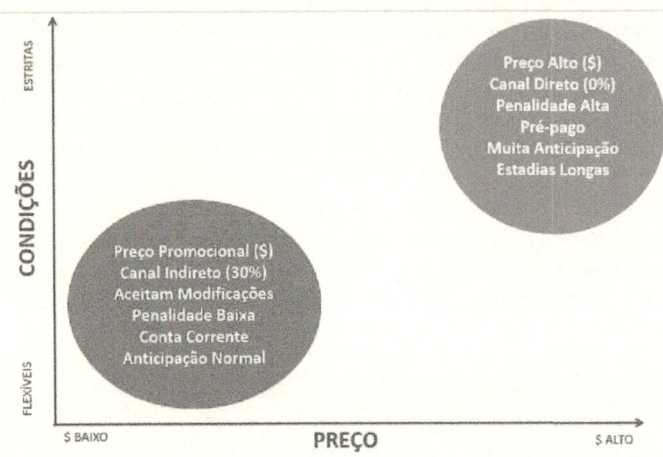

Ao representarmos neste quadro, o mundo ideal do hoteleiro recém-mencionado, o mesmo se encontra posicionado neste círculo verde na parte superior e direita do quadro. Com preços altos e condições estritas. Este círculo verde então, representa o mundo ideal do hoteleiro.

Em contraposição, o mundo Não Ideal e representado por tudo aquilo que os hoteleiros não desejam, está representado pelo círculo vermelho, na parte inferior e esquerda. Podemos ver que aqui o hotel é vendido a um preço baixo e sempre através de canais de venda indiretos, que cobram 30% ou mais de comissão. Também se aceita sem exceção as modificações de estadia solicitadas por nossos canais e quase sem penalidade por cancelamentos ou no-shows. E por medo de perder os Canais de Venda Indiretos como clientes, o hotel assume as perdas quando uma Agencia ou Operadora solicita que não seja cobrado o cancelamento, porque o hóspede não pôde viajar no último momento. O canal de distribuição também exige do hotel uma conta corrente para poder pagar as reservas ao hotel, por tanto, o hotel termina recebendo em muitos casos, somente aos 30, 60 ou 90 dias depois do check in.

Logo de ver este quadro, todos fazem a mesma pergunta. O mundo perfeito existe? Se pode vender sempre neste círculo verde?

Obviamente a resposta é NÃO. Se bem que existem hotéis que SEMPRE vendem no círculo verde, na realidade são poucos, sendo possível contá-los com a mão. E a realidade é que também não duram para sempre nessa situação. Para fazer uma analogia com o mundo futebolístico, esses hotéis são como Messi ou Cristiano Ronaldo. Podem dar o luxo de escolher onde jogar, ganhar os melhores contratos e assinar os melhores acordos de publicidade. Mas para os outros tantos jogadores profissionais de futebol, não acontece a mesma coisa. O resto dos mortais está em um ambiente competitivo.

Conhecimentos Básicos e Práticos do Revenue Management Hoteleiro

---

Um hotel que durante as décadas de 80 e 90 passou por uma situação em que sempre se vendeu no círculo verde foi o hotel "Los Notros" em El Calafate, que é uma hospedaria de luxo no Glacial Perito Moreno, na Argentina. É o único hotel que se encontra dentro do Parque Nacional e de frente para o Glacial. As características únicas deste hotel, que permitiram que ele estivesse dentro do privilégio de vender sempre no círculo verde foram:

Pouca Concorrência no Destino Turístico
Ala Diferenciação do Produto. Único em frente ao Glacial.

Porém na década de 2000, o Calafate melhorou as estradas de acesso ao Parque Nacional onde está o Glacial Perito Moreno, e assim foram construídos muitos hotéis novos e de excelente nível, e o Hotel "Los Notros" perdeu sua diferenciação e teve que sair a competir como o resto dos mortais.

Mas o que SEM DÚVIDA, o Revenue Management NÃO É, é TARIFA PLANA. O REVENUE MANAGEMENT NÃO É TARIFA PLANA. A TARIFA PLANA não permite que o hotel seja vendido em momentos de baixa demanda, por não ter nenhum atrativo......e que perca capital quando há uma alta demanda, já que poderia cobrar mais caro. O Revenue Management é então, INIMIGO da tarifa plana.

DEFINIÇÃO DE REVENUE MANAGEMENT

Segundo a definição da Cornell University, Revenue Management é a TÉCNICA de vender a HABITAÇÃO correta, ao CLIENTE correto, com a TARIFA correta, no MOMENTO correto.

Vamos analisar essa definição parte por parte. Como se pode notar, há palavras dentro da definição que estão ressaltadas em maiúscula. Isso tem um motivo. Cada uma delas são muito importantes.

TÉCNICA

O Revenue Management é uma Técnica, não uma Ciência. É muito importante essa diferença. Muitos acreditam que o Revenue Management é uma espécie de algoritmo matemático que dá soluções. Se fosse verdade, seria muito fácil o êxito. Revenue Management não é como a fórmula da Água (H2O), na qual sempre há dois hidrogênios e um oxigênio. Não existem receitas no Revenue Management. Lamentavelmente não existem receitas.

Claro que, isso não quer dizer que o Revenue Management é pura arte ou intuição. Pelo contrário, requer muita metodologia, análise estatística e matemática. Também requer muito intuição e sobre tudo sentido comum. Por isso para aqueles que estão buscando com o Revenue

Management uma fórmula ou receita mágica, sentimos muito em desiludir, mas a realidade não é bem assim.

HABITAÇÃO

A Habitação é algo FÍSICO que o hoteleiro vende. É a unidade de venda do Hotel. Geralmente nos hotéis existem distintos tipos de habitações. Como Standard, que têm as comodidades básicas, e superiores, com melhores comodidades e tamanhos. Assim veremos mais adiante como usar as diferentes categorias de habitações para o Revenue Management.

CLIENTE

Assume-se a premissa de que existem distintos clientes para distintas categorias de hotéis e distintas tarifas. Há hóspedes de todos os gostos e cores. O importante é identificar bem as necessidades de cada um deles e categorizar os mesmos. Isso se chama segmentar. Certamente nos hotéis onde trabalham não todos os hóspedes são iguais. Existem muitas formas de segmentá-los (por nacionalidade, por idade, por sexo, por interesse, por faixa econômica, etc.).

William Joseph Gooding Ortiz

TARIFA

Essa é uma variável que ingressa o capital ao Hotel. Quando se fala que se deve ter uma Tarifa correta, nos referimos a que devemos ter uma combinação correto de PREÇO + CONDIÇÕES, para que o cliente nos compre.

MOMENTO

Referimo-nos agora a variável tempo. Significa que não é a mesma coisa quando alguém nos compra com um ano de antecedência, que quando nos compra de último momento. No primeiro caso temos tendência a conceder algum desconto.

Como se pode notar, durante toda a definição aparece a palavra CORRETO. Isso quer dizer que com o Revenue Management devemos criar Tarifas (combinação de preço e condições) que sejam distintas em função dos clientes. Para dar um exemplo, escolhemos algo bem exagerado, mas que é útil na hora de entender bem o tema. Supomos que temos um hotel familiar turístico em Ubatuba (destino turístico de praia no Brasil), que identificamos dois tipos de hóspedes turistas. Os que viajam em temporada alta (segmento 1) e aqueles que pesquisam os preços (segmento 2).

Conhecimentos Básicos e Práticos do Revenue Management Hoteleiro

---

O que o Revenue trata de fazer é ajustar uma Proposta comercial para cada um destes segmentos.

<u>Segmento 1</u>

Habitação: Tratar de motivar a venda das habitações superiores.
Tarifa: Alta com condições bastante estritas.
Momento: Alta Temporada.

<u>Segmento 2</u>

Habitação: Habitações econômicas
Tarifa: Baixa ou Promocional com poucas restrições.
Momento: Baixa Temporada. Sempre sobram camas.

Nota-se que, com um simples exemplo a proposta de Revenue Management se adapta a cada um desses segmentos com distintas variáveis. Novamente, se tivéssemos uma única tarifa e uma única política de condições, não poderíamos atrair o segmento 2 ou deixaríamos de ter melhor capital entrante. Como percebem, seguimos insistindo com a ideia de que a TARIFA PLANA é o pior INIMIGO do Revenue Management.

NASCIMENTO DO REVENUE

Mas, onde nasceu o Revenue Management? Evidentemente, não é algo que nós inventamos. Não é um capricho nosso. O Revenue Management é uma técnica que não nasceu pela mão da indústria hoteleira. Senão que nasceu da Indústria Aero comercial. Ou seja, das famosas companhias aéreas.

Já falamos recentemente sobre as características dos serviços versus as dos produtos, agora então, vamos usar novamente o tema.

Ainda que sejam negócios distintos, as companhias aéreas compartem coisas em comum com os hotéis. Na verdade, muitas coisas em comum. Para começar, elas têm capacidade fixa.

Assim como cada hotel tem um limite na quantidade de quartos, um avião tem um limite na quantidade de assentos disponíveis. Também têm, como um hotel, um inventário perecível, quer dizer que o assento que ficou vago no voo de Santiago a Lima, no dia de ontem pela manhã, jamais poderá ser vendido novamente. Como os hotéis, sua demanda também varia no tempo, ou seja, que a técnica de Revenue Management é aplicável em ambas indústrias.

Conhecimentos Básicos e Práticos do Revenue Management Hoteleiro

---

Bom, tudo se remonta ao ano 1979. Até esse momento voar era para poucos. Era um serviço realmente luxuoso e caro, regularizado pelo Estado. Igual que as tarifas dos serviços públicos, como a agua, o gás e a eletricidade, que são regularizadas pelo Estado, naquele tempo as companhias aéreas também eram. Cada voo tinha uma tarifa de piso e outra de teto. Mas as companhias não tinham a liberdade de fixar as tarifas que desejavam. E até aquele momento tudo era luxuoso e muito caro.

Após a desregulamentação do setor, as companhias aéreas puderam fixar tarifas. Por isso novas companhias começaram a ser criadas, menores e com tarifas fixas mais econômicas, para que as pessoas, que até o momento não tinham o poder aquisitivo para voar, pudessem comprar.

Essas companhias são chamadas de "Low Cost" ou "Baixo Custo", ofereciam menos serviço, mas com tarifas realmente econômicas. Voar em avião deixava de ser algo exclusivo e as pessoas comuns e correntes puderam viajar.

Então as velhas companhias aéreas como American Airlines ou Pan Am, acostumadas a vender a uma tarifa plana e a um segmento com um nível socioeconômico alto, começam a aplicar tarifas mais baratas para atrair a este novo segmento que voava com as companhias low cost. Porém, se apresentou um dilema; o que se deve fazer para que se possa continuar vendendo o mesmo assento caro aos passageiros que eram de um nível socioeconômico alto e que estavam dispostos a pagar tarifas caras, e ao mesmo tempo, vender assentos baratos aos passageiros de um nível socioeconômico mais baixo. Aqui nasce o Revenue Management, já que era necessário usar a criatividade para seguir cobrando caro aos que podiam e barato aos que não podiam. Desde então, já não se podia oferecer uma Tarifa Plana.

Algo que realmente ajudou muito foi a tecnologia. Neste momento, em 1979 e princípio dos anos 80, já existia nos EUA os GDS. Isso permitia distribuir as diferentes classes tarifárias às agências de viagens e operadoras quase que em tempo real. Por exemplo, as companhias podiam baixar suas tarifas caso tivessem uma baixa ocupação e quase que em tempo real, esse ajuste era visto pelas agências.

Por isso sempre dizemos que "NÃO EXISTE REVENUE MANAGEMENT SEM TECNOLOGIA". A tecnologia é fundamental para a aplicação da técnica. Por isso que após 30 anos do nascimento do revenue management, as operadoras de turismo ainda continuam usando a tarifa plana.

O MAIS IMPORTANTE: A SEGMENTAÇÃO DE HÓSPEDES

Uma das chaves do Revenue Management começa com a correta SEGMENTAÇÃO.

Ao segmentarmos mal os nossos hóspedes, certamente estaremos realizando uma medíocre estratégia de Revenue Management. Por isso recomendamos firmemente que o leitor tome o tempo necessário para segmentar. Segmentar mal equivale a oferecer uma promoção de jantar em uma churrascaria a um cliente vegetariano.

Ao sentar-se no Lobby de seu hotel por umas 3 horas, poderá ver e identificar distintos segmentos de hóspedes que se hospedam em seu hotel. São eles que estão dispostos a pagar um preço distinto, compram ou reservam de maneira distinta, com diferentes antecedências. E como os hotéis necessitam de vários segmentos para existir (dado que seria muito difícil lotar o hotel somente com um segmento), é necessário ajustar a proposta com combinações de condições e preço para cada um deles.

A clássica segmentação na hotelaria se divide em Turismo ou Negócios. A típica "Business ou Pleasure".

Somente para introduzir o tema, vamos discutir esses dois tipos de segmentos para analisar como se comportam.

SEGMENTO DE NEGÓCIOS

Este segmento é um segmento que viaja por negócios. Por tanto tem necessidades bastante pontuais. São hóspedes que necessitam flexibilidade, ou seja, que necessitam poder cancelar de último momento suas reservas caso decidam não viajar, seja por uma reunião que foi cancelada ou por outro motivo. Geralmente, realizam suas reservas de último momento, com a data muito próxima do check in. Quer dizer que oferecem pouca antecedência, já que, com exceção de congressos ou conferencias, as reuniões se definem de último momento. Outro aspecto importante é que, geralmente, o pagamento não é feito pelo hóspede e sim pela empresa a qual ele trabalha.

O hóspede tampouco reserva sua estadia, senão que é realizada pela secretária da empresa. Podemos afirmar que este tipo de hóspede está disposto a pagar uma tarifa mais cara que a dos turistas, porque realizam todo com pouca antecedência e necessitam flexibilidade para poder cancelar de último momento.

SEGMENTO DE TURISMO

Ao contrário do anterior, o segmento de turismo se comporta diferente. Por exemplo, planificam as férias ou viagens com muita antecedência, principalmente as famílias que necessitam coordenar as férias de todos os integrantes. Conseguir coincidir tudo requer tempo e uma planificação prévia. Ao ser eles próprios os que realizam o pagamento do hotel, são os que pesquisam os preços.

Quer dizer que analisam bem as opções e os preços. Ao dispor de muita planificação prévia e estarem buscando os melhores preços, estão dispostos a assumir certas restrições ou certa inflexibilidade na reserva. Por exemplo, tranquilamente aceitam tarifas não reembolsáveis (aquela que não aceitam mudanças ou cancelamentos), já que sim ou sim vão viajar.

ONDE ESTÁ A CHAVE DO REVENUE MANAGEMENT?

A chave do Revenue Management está em criar as combinações de preços e condições (CLASSES TARIFÁRIAS) que se adequem a cada tipo de segmento. Os hotéis devem usufruir de criatividade suficiente para ter uma Classe Tarifária Cara para aqueles segmentos que estão dispostos a pagar tarifas altas; e ter uma Classe Tarifária Barata para aqueles segmentos que NÃO estão dispostos a pagar preços altos.

A pergunta do milhão é: Como fazer com que os segmentos que estão dispostos a pagar tarifas caras não escolham as tarifas baixas? Este fenômeno se chama CANIBALISMO. É como comer a si mesmo. Um hotel se canibaliza quando baixa a tarifa e um hóspede que estava disposto a pagar mais caro pela habitação do hotel, termina pagando mais barato. O Hotel, então, perde essa diferença de dinheiro.

Para evitar a CANIBALISMO deve-se conhecer bem os segmentos. Sabendo o que importa aos hóspedes e o que não importa em término de estadia no hotel. E aqui não estamos falando se eles gostam do sabão oferecido pelo hotel com cheiro a lavanda ou a rosas. Estamos falando de coisas mais concretas que esse segmento não resignaria de nenhuma maneira.

EXEMPLO DE COMO EVITAR CANIBALISMOS

A pergunta do milhão é como evitar canibalismos. Aqui vamos mostrar um exemplo da indústria aero comercial para que observe como eles resolvem o tema.

Suponhamos que somos uma companhia aérea que tem um voo com uma frequência diária que é sai de São Paulo até Santiago de Chile. É um voo que parte bem cedo pela manhã, de São Paulo e regressa pela tarde/noite de Santiago. O voo se realiza com somente uma frequência diária.

Conhecimentos Básicos e Práticos do Revenue Management Hoteleiro

O avião tem uma capacidade de 100 assentos. E a demanda média é de 50 assentos que proveem do segmento puramente de negócios. São executivos que trabalham em empresas que viajam desde São Paulo a Santiago de Chile por trabalho.

Por tanto, sempre sobram 50 assentos livres no avião. A companhia faz uma investigação e detecta que existe uma demanda do segmento de turismo que se interessa em viajar a Chile, mas que está disposta a pagar somente US$60 pela passagem. Ou seja, que se a tarifa é de US$100, eles não viajam, enquanto que se a companhia estivesse disposta a baixar sua tarifa a US$60 esse segmento sim viajaria e poderia ocupar esses 50 assentos que ficam livres com o outro segmento.

Resumindo, temos um segmento de negócios que está disposto a pagar US$ 100 pela passagem aérea. E temos outro segmento de turismo que está disposto a pagar US$ 60. O problema que apresentamos aqui é que se publicamos uma tarifa de US$60 tratando de conseguir vender esses 50 assentos livres, estaríamos canibalizando o capital entrante do segmento de negócios que estava disposto a comprar a US$100. Ou seja, que estaríamos CANIBALIZANDO uns US$ 40 por cada passageiro que deixa de comprar a US$100 e compra por US$ 60.

Então...

Como resolvemos esse canibalismo? Vamos analisar as distintas alternativas possíveis.

A primeira alternativa seria que publiquemos somente a US$ 100. Desta maneira se venderia os 50 assentos a US$ 100 ganhando um total de US$ 5.000.
Porém, seguiria sobrando os 50 assentos, já que nenhum passageio do segmento de turismo poderia comprar a passagem.

A segunda alternativa seria publicar a tarifa a US$60. Desta maneira estaríamos lotando o avião com os 100 passageiros. 50 de negócios e 50 de turismo. O capital total seria de US$ 6.000, por tanto estaríamos em uma melhor situação que a primeira alternativa. Mesmo assim, tampouco seria excelente, já que estaríamos vendendo mais barato a aqueles passageiros de negócios que estavam dispostos a pagar mais.

A terceira alternativa consiste em publicar duas tarifas. Uma de US$100 e outra de US$60. Mas obviamente, neste caso, todos escolheriam a tarifa de US$60, porque é a mais barata. Se não existe nenhuma diferença entre ambas tarifas, todos escolhem a mais econômica. Assim nos encontramos na mesma situação que a segunda alternativa.

Até aqui seguimos sem resolver o tema do canibalismo.

Para resolver o problema, temos que aprofundar mais no segmento que está disposto a pagar tarifas mais altas. Ou seja, começar pelo segmento de negócios. Devemos nos sentar com eles e perguntar quais são as coisas que eles não abrem mão, o que é o mais importante, o que buscam quando viajam. Temos que observá-los e questioná-los.

Por meio dessa investigação se descobriu que este tipo de segmento por nada no mundo abria mão de estar Sexta-Feira à noite com sua família. Quer dizer que queriam de qualquer maneira voltar, ainda que seja Sexta feira pela tarde ou de noite, para que possam passar o final de semana com sua família. Esse era o maior interesse de tal segmento.

A companhia, então, propôs a seguinte solução. Criar uma CLASSE TARIFÁRIA com um preço de US$ 60, porém, com certas restrições ou condições.

Esta classe tarifária requer que o passageiro permaneça, obrigatoriamente, o sábado à noite no destino. Por tanto, somente se permite estadias longas. Também requer ao menos 1 mês de antecedência na compra e não permite modificações ou cancelamentos.

Por outro lado, contamos com um Classe Tarifaria de preços altos, ou seja, de US$ 100 que não tem nenhum tipo de restrição. Não requer antecedência para comprar e se pode cancelar até 48 horas antes do voo sem penalidade alguma.

Assim que a pergunta que nós fazemos é se é conveniente ao segmento de negócios comprar esta tarifa de uS$60. Por exemplo:

É conveniente permanecer o sábado à noite em Santiago de Chile? NÂO. Já sabemos que por nada no mundo esse segmento deixaria de estar com sua família durante o final de semana.

É conveniente comprar passagem com 1 mês de antecedência? NAO. Já sabemos que as viagens são definidas com pouco tempo de antecipação. A maioria de último momento.

É conveniente então não puder cancelar ou modificar a data do voo? Não. Necessitam poder cancelar o voo caso a reunião programada seja suspendida ou algo relacionado, ou pelo menos, que se possa modificar a passagem para outra data.

Por tanto podemos afirmar que esse segmento somente comprará a Classe tarifaria de US$100. E por mais que publiquemos a Classe Tarifária de US$60, a este segmento não servirá e terminaria comprando a classe tarifaria de US$100.

Por outro lado, temos o segmento de turismo e nos perguntamos se é conveniente para eles a Classe Tarifária de US$60.

Já sabemos que em termos econômicos, uma tarifa mais barata é a condição necessária para que este segmento viaje. Mas, e em relação as restrições ou condições? Por exemplo:

É conveniente permanecer sábado à noite em Santiago de Chile? Sim. Não existe nenhum problema. Já que ao viajar por turismo, as estadias são longas e os passageiros geralmente viajam por mais de 1 semana.

É conveniente comprar com 1 mês de antecedência? Sim. Também não existe problema. O segmento de turismo define estes tipos de viagens com ao menos 3 ou 4 meses de antecipação.

É conveniente que esta classe tarifaria não possa cancelar nem modificar a data do voo? Sim. Também não existe nenhum problema. Já que esses turistas definem e coordenam suas férias com muita antecedência. As férias são aprovadas no trabalho e geralmente a partir de então se planeja toda a viagem. Não é algo que eles definem de um dia para o outro. Por tanto, ao ter todo planejado é quase 100% de certeza de que tal segmento viaje nas datas determinadas, por tanto não saem tão prejudicados se essa classe tarifaria não permite modificações nem cancelamentos.

Podemos afirmar que o segmento de turismo compraria esta classe tarifaria de US$60.

Dessa maneira, a companhia aérea decide publicar na página web, duas classes tarifárias para o mesmo voo.

Uma de US$60 e outra de US$100. Assim, são vendidos 50 assentos por US$100, comprados pelo segmento de negócios e 50 assentos a US$60, comprados pelo segmento de turismo. Desta maneira a companhia recebe um total de US$8.000 por voo, maximizando assim seu capital.

Agora, sobre esta restrição de permanecer o sábado à noite. Como ela é chamada em Revenue Management?

Chamam-se Barreiras Tarifárias. Assim sãs chamadas, por agirem como Barreiras ao redor da Classe Tarifária, com o efeito de que a aqueles que estão dispostos a pagar mais caro não possam saltar, por causa dessa barreira, e comprar as classes tarifárias mais baixas. Protegemos então a Classe Tarifária com essas Barreiras. Desta maneira NÃO permitimos, por exemplo, que o segmento de negócios possa comprar a tarifa de US$60.

Aqui mostramos alguns exemplos de barreiras. As barreiras mais altas estão relacionadas com barreiras que são difíceis de saltar e concordam com restrições muito estritas. Como por exemplo, as tarifas não reembolsáveis, as estadias longas com mínimo de noite, ou tarifas com 20 dias de antecedência ou mais. Esses são exemplos de barreiras altas.

GRADES OU BARREIRAS

Como vimos anteriormente, em Revenue Management este grupo de condições é chamado de Grades ou Barreiras. Essas Grades ou Barreiras se tornam como fortaleza das classes tarifárias mais baixas para que aqueles que estão dispostos a pagar mais caro não possam "saltar" para comprá-las.

Porém, é importante distinguir que existem dois tipos de Grades ou Barreiras. As Físicas e as Lógicas.

GRADES OU BARREIRAS FÍSICAS

BARREIRAS FÍSICAS	TARIFAS ALTAS	TARIFAS BAIXAS
VISTA	Vista ao mar, lago etc.	Sem vista à natureza
TAMANHO	Habitações grandes e com muitos amenities	Habitações pequenas e com poucos amenities
TEMPO	Estadia de turismo nos fins de semana	Estadia nos dias de semana

As Grades ou Barreiras físicas têm que ver com aquelas coisas que são TANGÍVEIS. Como diz seu próprio nome, são físicas.

Neste quadro que apresentamos pode-se ver uma classificação muito normal que é relacionada com a VISTA que a tem uma habitação; seu TAMANHO e o TEMPO de estadia do hóspede.

Como se pode notar, aquelas habitações que oferecem uma melhor vista, geralmente são mais caras que aquelas que não oferecem vista. Os hóspedes sempre privilegiam uma vista ao mar ou à praia, cidade, montanha etc.

O Tamanho da habitação também é um fator importante. À medida que a habitação é maior, mais cara será a tarifa. Quanto maior for a habitação e mais facilidades tiver, maior será a valoração do hóspede em relação a ela.

O Tempo (que é algo físico), também joga um papel importante. Dependendo do destino, os finais de semana poderão ter tarifas mais caras que as dos dias de semana ou ao revés.

Assim como mencionamos esses 3 fatores, existem outros diversos fatores físicos influentes, como os Amenities, acesso ao Spa, facilidades da habitação, Wi Fi, chamadas gratuitas, etc.

GRADES OU BARREIRAS LÓGICAS

As Grades ou Barreiras Lógicas não são tangíveis. Pelo contrário, são INTANGÍVEIS. Para os Hoteleiros não são tão comuns. Já que é mais fácil justificar que uma habitação que tem uma tarifa de US$ 100 e a outra de US$ 50, é porque a primeira oferece o dobro do tamanho da segunda e uma melhor vista. Porém os aspectos lógicos ou não tangíveis são mais difíceis de justificar.

BARREIRAS LÓGICAS	TARIFAS ALTAS	TARIFAS BAIXAS
Estadia	Estadias Curtas	Estadias Largas
Flexibilidade	Flexibilidade em Cancelamentos e Modificações	Alta Penalidade nos Cancelamentos e Modificações
Momento de Compra	Reservas próximas à data do Check In	Reservas com Bastante Antecedência
Financeiros	Exige-se pagamento no momento do check out	Exige-se pagamento no momento da realização da reserva

Neste quadro que apresentamos pode-se ver uma classificação normal em relação à DURAÇÃO DA ESTADIA, à FLEXIBILIDADE que o hóspede pode ter, ao MOMENTO DE COMPRA e aos ASPECTOS FINANCEIROS.

Como se pode notar, geralmente o Hotel terá tarifas mais econômicas para aqueles que usufruem de estadias mais largas.

Como também terá tarifas mais econômicas àqueles hóspedes que estão dispostos a ter restrições estritas. Por exemplo, uma tarifa que não admite modificação de datas nem cancelamentos, ela deve ter um benefício econômico (ser mais barata) que uma tarifa que se pode modificar a data e também que tenha uma baixa penalidade pelo cancelamento.

Outro aspecto importante é o momento da compra. Os hotéis oferecem tarifas mais econômicas a aqueles que reservam com muita antecedência. E àqueles hóspedes que reservam de último momento por estarem com pressa são castigados com tarifas mais caras.

Outro aspecto fundamental tem que ver com o financeiro ou o pagamento. É bastante lógico ter uma tarifa mais econômica se a reserva for pré-paga. É diferente um hóspede pré-pagar uma reserva com 3 meses de antecedência de que pagar no momento do check out.

COMBINAÇÃO DE GRADES E BARREIRAS FÍSICAS COM LÓGICAS

Quando combinamos as grades físicas e lógicas, começamos a armar as Classes Tarifárias. É importante detectar as Grades Físicas do seu Hotel, e depois seguir com as Lógicas; sempre pensando primeiro nos SEGMENTOS.

As grades físicas e lógicas sempre devem ser armadas em função do segmento. Não serve para nada ter uma grade física que não tenha nenhuma implicância com os segmentos.

OBJETIVO MÁXIMO DO REVENUE MANAGEMENT

Estamos avançando nesta unidade. Mas ainda nos perguntamos: Qual é o Objetivo Máximo do Revenue Management?

O Objetivo Máximo é maximizar o capital entrante. Ou seja, as VENDAS. Ter o melhor capital possível.

Por própria experiência, percebemos que os hoteleiros têm uma fixação com a ocupação. Quer dizer que, se um hotel está bem significa que deve ter muita ocupação. Quando se pergunta a um hoteleiro -"Como lhes foi no mês de janeiro? "; a resposta geralmente é: - "Foi muito bom, fechamos o mês com 85% da ocupação". Ou então – "Mal, fechamos o mês com 35%".

Por tanto, como se percebe, quando um hotel está cheio ou com muitos hóspedes, o hotel vai bem. Entretanto, esta análise é totalmente incompleta. Sim, a ocupação é uma variável superimportante, mas não é tudo. Para somar à esta equação, falta a variável tarifa. Todos sabem que para um hotel estar com 85% de ocupação, foi devido à tarifa publicada.

Por isso falar somente de ocupação denota duas coisas; Primeiro que a tarifa é plana, por tanto a única variável que determina se foi bom ou mal foi a ocupação. E segundo que falar somente de ocupação é incompleto.

Por isso cada vez que um hoteleiro nos diz - "Foi muito bom, fechamos o mês com 85% da ocupação"; nossa seguinte pergunta é – "A que tarifa?".

Para completar, é necessário um indicador que unifique OCUPAÇÃO e TARIFA. Este indicador se chama REVPAR. O RevPar significa Revenue Per Available Room. Sua tradução seria: Capital Por Habitação Disponível.

A fórmula do RevPar é:

RevPar = Ocupação % x Tarifa Média ($)

Por exemplo, supomos que estamos comparando dois hotéis que são concorrentes. O **Hotel A** e o **Hotel B**. O **Hotel A** teve no mês de outubro uma ocupação de 80% e uma tarifa média de US$ 50. Enquanto que o **Hotel B** teve uma ocupação de 65% e uma tarifa média de US$ 80.

Vejamos o RevPar de cada um deles:

Hotel A = 80% x US$ 50 = US$ 40. O Hotel A tem um RevPar de US$ 40.
Hotel B = 65% x US$ 80 = US$ 52. O Hotel B tem um RevPar de US$ 52.

Qual deles foi melhor?

O **Hotel B**. Teve um melhor RevPar que o **Hotel A**. Ainda que o **Hotel A** tenha tido uma melhor ocupação, o **Hotel B** teve mais capital entrante por habitação disponível. Este exemplo demonstra que a ocupação nem sempre é o melhor. É uma variável importante, porém não é tudo.

EXERCÍCIO DE REVPAR

O Hotel "O Descanso" teve no mês de janeiro uma ocupação de 75% e uma tarifa média de US$ 200. Enquanto que no mês de fevereiro teve uma ocupação de 80% e uma tarifa média de US$ 175.

O leitor deverá, baseando-se no que foi explicado, responder às seguintes perguntas:

Que mês foi melhor para o Hotel?
Qual foi o RevPar de janeiro?
Qual foi o RevPar de fevereiro?

UM POUCO DE SENTIDO COMUM

Ainda que o Revenue Management seja uma disciplina ou técnica que requer muita análise e metodologia, não podemos excluir algo tão fundamental como é o sentido comum. Dizem que "o sentido comum é

o menos comum dos sentidos". Isso se deve as vezes que os seres humanos seguem as regras ao pé da letra, sem parar para pensar por um momento se realmente o que está fazendo está bem ou não, se tem sentido ou não.

Nessa seção, vamos falar de certos temas para colocar um pouco de sentido comum ao Revenue Management.

TOTAL REVENUE MANAGEMENT

Quando falamos de Total Revenue Management, o que queremos dizer é que o Revenue Management também não implica tudo. Ou seja, é uma ferramenta extra para o êxito do hotel, porém NÃO é a única ferramenta.

O Revenue Management não é um compartimento imóvel na organização do hotel. O Revenue Management depende de outras ferramentas.

William Joseph Gooding Ortiz

De nada serve executar a técnica de Revenue Management em um Hotel se o SERVIÇO é ruim, se o hotel não conta com a INFRAESTRUTURA que diz ter, se os hóspedes deixam críticas negativas nos portais de REPUTAÇÃO ONLINE ou se o hotel não está bem distribuído nos canais de comercialização.

Se falhamos em todos esses aspectos, por mais que tenhamos uma excelente técnica de Revenue Management, certamente falharemos. É por isso que o Revenue Management deve girar ao redor de todos esses aspectos do Hotel. Deve funcionar como um "Maestro de Orquestra" de todos esses aspectos.

JUSTIÇA E INJUSTIÇA DO REVENUE MANAGEMENT

Muitos hoteleiros consideram o Revenue Management como algo injusto para os hóspedes. Só o fato de pensar que um hóspede se aloja em uma Habitação 101 paga mais cara que o hóspede da Habitação 102, quando que ambas as habitações são exatamente iguais e quando o café da manhã é o mesmo, pode dar certo pânico.

Lhes dá pânico que o hóspede da habitação 101 se encontre no elevador com o da habitação 102 e se perguntem por quanto pagaram cada um deles. Algo que é muito raro que aconteça.

Conhecimentos Básicos e Práticos do Revenue Management Hoteleiro

---

A sensação de injustiça é originária sobre todo pelas **Grades Lógicas**. Já que com as **Grades Físicas** os hoteleiros não têm prejuízos de cobrar mais caro por uma habitação que tenha melhor vista que outra.

Levando em consideração este sentimento de injustiça que afeta ao Revenue Management, fomos investigar a injustiça, a mais natural ou humana possível. Fomos analisar os macacos.

Foi realizada uma experiência de investigação com uns macacos. São dois macacos, um em cada jaula, lado a lado uma da outra. Cada macaco tem visão sobre a outra jaula.

Aos macacos se oferece uma tarefa. Foi entregue uma pequena rocha aos macacos por um orifício na jaula, e eles deverão devolvê-las por outro orifício. Uma vez realizada a tarefa eles são premiados com um pedaço de pepino.

É realizado com os dois macacos quase que ao mesmo tempo, funcionando em harmonia.

Em um determinado momento, ao macaco que se encontra na jaula da direita ao invés de pepinos, oferecem uvas.

Nessa investigação conseguiu-se visualizar que o sentimento de injustiça vem desde nossas origens. Tudo funcionava em harmonia quando os dois macacos recebiam pepinos, porém, quando um deles começou a receber uvas, o macaco da esquerda se enlouquece e começa a se irritar com os pepinos.

Por tanto, através disso, tiramos a conclusão de que os hóspedes também poderiam chegar a sentir irritação diante de uma injustiça como essa.

CONCLUSÃO DA INJUSTIÇA DO REVENUE MANAGEMENT

Nós acreditamos firmemente que o Revenue Management é totalmente JUSTO. Já que a diferença do que acontece na experiência, as distintas classes tarifárias não são as mesmas.

No exemplo do experimento, pela MESMA tarefa, os macacos eram recompensados distintamente.

No Revenue Management, ainda que a habitação seja a mesma, as condições incluídas na classe tarifária NÃO SÃO AS MESMAS.

Conhecimentos Básicos e Práticos do Revenue Management Hoteleiro

---

Queremos que fique bastante claro: NÃO SÃO AS MESMAS. Se a habitação 101 se vendeu a US$ 100, mas é uma tarifa Não Reembolsável, por tanto não se aceita modificações ou cancelamentos, requereu um mês de antecedência para a compra e precisou ser paga no momento da realização da reserva; NÃO SÃO AS MESMAS condições da habitação 102 (que é igual a 101), que foi reservado com uma classe tarifária que tinha um preço de US$ 150, mas que permitia cancelar ou modificar a data até um dia antes do check in, e que podia ser paga no momento do check out. Como se pode notar, NÃO é a mesma coisa.

Ao perder o medo ao Revenue Management se entende: NÃO É A MESMA COISA, SÃO CLASSES TARIFÁRIAS DISTINTAS!!

UNIDADE 2

Controle da Demanda

Nesta Unidade trataremos o tema de Controle da Demanda.

É certo que falar sobre "Controle" da Demanda é algo difícil, dado que muitos autores consideram que a demanda não se controla, porém nós acreditamos que ainda que não seja possível controlar um 100%, há maneiras de, através da atividade de certos mecanismos, poder controlar, incentivar, mover ou desmotivar a demanda.

Conhecimentos Básicos e Práticos do Revenue Management Hoteleiro

TEMAS DA UNIDADE 2

1. Medir a Demanda e Não a Oferta
2. Medir as vezes que dizemos que "NÃO"
3. Mecanismos para Controlar a Demanda
4. Modelo de Tarifas Mínimas
5. Exercício do Vendedor de Jornais
6. Lei de Littlewood
7. Decisões Multivariáveis
8. Modelo Solver
9. Resumo de Fórmulas
10. Exercícios e Prova

William Joseph Gooding Ortiz

MEDIR A DEMANDA E NÃO A OFERTA

Algo muito importante a deixar claro é: O QUE ENTENDEMOS POR DEMANDA.

Para começar, medir a demanda é algo muito, mas muito difícil. E podemos ter o vício ou o erro de medir a oferta em vez de medir a demanda.

Ainda que seja um experto estatístico, ou que tenha um sistema CRM u de Business Intelligence em nossa empresa, é muito fácil cair no erro de medir a Oferta e não a Demanda.

Vamos a demonstrar com um exemplo.

Suponhamos que vamos analisar a empresa automotriz FORD. Esta empresa está vendo que seu concorrente principal nos carros de baixa gama está crescendo e então pretende conhecer sua demanda para sua Linha de Automóveis Ford Fiesta.

Para isso solicita uma Investigação de Mercado a uma prestigiosa Consultora. Se define a amostra estatística que representará a população que compra esse tipo de automóvel (número de inquéritos, lugar de residência dos entrevistados, sexo, idade, renda média mensal, etc.). A ideia da amostra é representar o melhor possível a população que compra esse tipo de carro ou carros da concorrência. Ou seja, a população que compra carros de baixa/média gama.

Da mesma forma uma empresa de Investigação de Mercado realiza pesquisas eleitorais para saber quais candidatos a população votará nas próximas eleições; é iniciado um processo de pesquisa para saber qual é a intenção de compra e de qual automóvel.

Obviamente essas pesquisas têm uma margem de erro estatístico que geralmente varia entre mais ou menos um 5%.

Continuando com o exemplo das eleições políticas, se como resultado da pesquisa sai que o Candidato A tem uma intenção de voto de 45%, o erro estatístico quer dizer que podemos estar errando em um 5% para menos ou para mais. É por isso que é importante a quantidade de casos e que as pessoas entrevistadas reflitam o melhor possível a população target.

Sendo mais concreto, de nada serve entrevistar menores de 16 anos para saber quem irão votar, se legalmente é impossível que votem. É por isso que a amostra deve representar a população target.

Então, esta prestigiosa empresa de investigação de mercado realiza a investigação, que informa que a demanda de automóveis FORD FIESTA é de 300.000 automóveis por ano. De acordo com a pesquisa, podemos ter certeza, com uma margem de erro de 5%, que a demanda deste tipo de automóvel é de 300.000.

Esta investigação deixa totalmente surpreendidos aos Diretores Comerciais e Industriais da Empresa. Uma vez que os mesmos tinham em mente números completamente distintos. Segundo seus sistemas de informação, cálculos e estadística, a demanda de automóveis Ford Fiesta era de 120.000 unidades ao ano.

Na realidade, essas 120.000 unidades coincidiam com a capacidade de produção da fábrica. Ou seja, que com as máquinas instaladas dentro da fábrica industrial, podiam fabricar 120.000 unidades ao ano. Isso dava uma diferença de 180.000 unidades. Ou seja, que a investigação estava informando que havia uma demanda de 300.000, mas que a empresa unicamente vendia 120.000, que era o total de sua capacidade.

Mas como pode ser?? Certamente tem um erro nesses dados. Uma vez que TODOS na Ford acreditam que a Demanda do Ford Fiesta era de 120.000 e não 300.000 unidades.

Assim que, por que acontece isso??

Ocorre porque a Ford estava medindo a OFERTA e não a DEMANDA. Quer dizer que, existia a velha crença de que o que se produzia e vendia era o que se demandava. Não passava pela mente dos diretores da Ford que havia uma maior demanda que não estava podendo efetivar a compra, já que a produção não cobria o excedente. Ou seja, que tinham a lógica de pensar que como tudo o que produziam se vendia, essa era a demanda. Um enorme erro.

Como poderia ser previsto? Como poderia ser evitado?

Poderia ser evitado facilmente. Todos sabemos que as empresas automotrizes necessitam distribuição. Quer dizer que raramente um consumidor compra um carro diretamente da fábrica. Por isso que existem as Concessionárias de Automóveis, onde existe uma variedade de carros, assessores, vendedores, etc. Geralmente existem uma ou mais de essas concessionárias por cada zona, cidade ou região, dependendo do caso.

Desde já, para que tal fator tivesse acontecido, implica que 180.000 consumidores foram comprar um Ford Fiesta na concessionária e o vendedor respondeu **não**. Não temos stock. Por tanto, esses 180.000 consumidores, compraram um carro da concorrência ou entraram na lista de espera do Ford Fiesta para o ano seguinte.

Algo tão fácil como levar um registro da quantidade de vezes que os vendedores dizem que NÃO, teria dado a Ford uma ideia correta da demanda. Já que saberiam que muitas, mas muitas vezes os vendedores responderam que não tinham stock.

Portanto realizando uma conta rápida, podemos dizer que:

AS VEZES QUE DIZEMOS QUE NÃO + VENDAS REAIS = DEMANDA

QUE OCORRE EM UM HOTEL?

Em um hotel acontece o mesmo, só que de uma maneira diferente. Quer dizer que geralmente cometemos o erro de medir a Oferta e Não a Demanda.

Vamos analisar um exemplo. Suponhamos que estamos analisando um Hotel Temático de Música localizado na cidade de Nova York, nos EUA. O hotel dispõe de 100 habitações. 70 habitações são standard e se chamam "ROCK". Enquanto que outras 30 habitações de categoria superior se chamam "JAZZ".

No último mês, se vendeu uma média diária de:
70 habitações ROCK
15 habitações JAZZ

Portanto, analisando este dado, podemos dizer que a demanda das habitações ROCK é de 70 por noite.

ERRADO. Aqui estamos medindo a oferta e NÃO a demanda. Para saber a real demanda de habitações ROCK devemos registrar a quantidade de vezes que quiseram reservas a categoria standar e respondemos que NÃO, seja porque o hóspede terminou não comprando nenhuma habitação ou que terminou comprando a habitação superior.

Realizando esse analise se descobre que, na realidade a Demanda Real de Habitações ROCK é de 80 e a de Jazz é de 5. Já que haviam 10 hóspedes que queriam comprar a ROCK e não tinham disponibilidade e assim, acabavam comprando a JAZZ.

MEDIR AS VEZES QUE DIZEMOS QUE "NÃO"

Como comentamos, é fundamental não medir a oferta, e sim a demanda.

Algo que nos pode ajudar a medir a demanda é começar a medir as vezes que dizemos que NÃO. Essa análise de certa maneira é incompleta, já que muitas vezes não sabemos quando estamos dizendo NÃO. Por exemplo, quando não contamos com disponibilidade nas OTAs, não podemos saber a quantidade de vendas que iríamos ter, uma vez que o hotel aparece sem stock ou esgotado. Ainda que as OTAs, cada vez mais, nos oferecem ferramentas de análises e estatísticas cada dia   mais sofisticadas, a realidade é que ainda não podemos saber se o hotel ia ser vendido se tivesse disponibilidade no portal online.

Ao contrário disso, sim podemos saber as vezes que as Agências de Viagens ou Operadoras nos consultam sobre disponibilidade, e nesse caso, dizemos que não temos mais vagas. Também podemos saber as vezes que somos chamados ao telefone ou nos consultam por e-mails, e também dizemos que não temos mais vagas no Hotel.

É por isso que recomendamos que comecem a medir o dia a dia das quantidades de vezes que negamos vendas por falta de vaga. Para isso não é necessário um Sistema CRM (Customer Relationship Manager), somente a aplicação de algumas planilhas de cálculo já será o suficiente. O nível de profundidade da análise varia em função das necessidades do Hotel. Porém, desde o mais genérico, até o mais especifico, se pode realizar da seguinte maneira:

Nível Hotel/ Mensal

Dia de Consulta	Janeiro	Fevereiro	Março
01/09/2019	4	1	0
Ingressar dia seguinte	0	0	0
Subtotal	4	1	0

Conhecimentos Básicos e Práticos do Revenue Management Hoteleiro

Na coluna dia de consulta se encontra os dias que serão consultados
Por exemplo, no dia 1 de setembro de 2019, nos chamaram para reservar 4 noites em janeiro de 2020, porém como o hotel não tinha disponibilidade, respondemos que NÃO. É por isso que colocamos o número 4, já que haviam pedido 4 room nights para janeiro.

Somente no dia 31/01/2020 podemos saber a totalidade de vezes que negamos room nights para este mês.

Nível Habitação/ Mensal

	2020							
	QUARTO STANDARD				QUARTO SUPERIOR			
Data de Consulta	Janeiro	Fevereiro	Março	Abril	Janeiro	Fevereiro	Março	Abril
1/9/2019	2	1	0	0	0	0	0	0
2/9/2019	3	2	0	0	0	0	0	0
3/9/2019	4	1	0	0	0	0	0	0
4/9/2019	0	2	0	0	0	0	0	0
5/9/2019	3	1	0	0	0	0	0	0
6/9/2019	1	2	1	0	0	1	0	0
7/9/2019	8	3	1	0	0	1	0	0
8/9/2019	9	1	1	0	0	1	0	0
9/9/2019	3	2	1	0	1	1	0	0
10/9/2019	0	1	1	0	2	1	0	0
11/9/2019	1	2	2	0	2	1	0	0
12/9/2019	4	2	2	0	2	2	0	0
13/9/2019	2	2	2	1	2	2	0	0
14/9/2019	1	1	1	1	1	2	0	0
15/9/2019	4	0	1	1	1	2	0	0
Agregar dia seguinte	0	0	0	0	1	2	0	0
Subtotal	45	23	13	3	12	16	0	0

É a mesma análise que o quadro anterior, a diferença é que podemos aprofundar mais neste caso analisando por tipo de habitação, ao invés de analisar o hotel.

Este quadro oferece mais informações para saber o tipo de habitação que estamos negando por não ter vagas disponíveis.

Nível Hotel/ Dia

	ene-20											
Data de Consulta	1/1/2020	2/1/2020	3/1/2020	4/1/2020	5/1/2020	6/1/2020	7/1/2020	8/1/2020	9/1/2020	10/1/2020	11/1/2020	12/1/2020
1/9/2019	2	1	0	0								
2/9/2019	3	2	0	0								
3/9/2019	4	1	0	0								
4/9/2019	0	2	0	0								
5/9/2019	3	1	0	0								
6/9/2019	1	2	1	0								
7/9/2019	8	3	1	0								
8/9/2019	9	1	1	0								
9/9/2019	3	2	1	0								
10/9/2019	0	1	1	0								
11/9/2019	1	2	2	0								
12/9/2019	4	2	2	0								
13/9/2019	2	2	2	1								
14/9/2019	1	1	1	1								
15/9/2019	4	0	1	1								
Agregar dia seguinte	0	0	0	0								
Subtotal	45	23	13	3	0	0	0	0	0	0	0	0

Este quadro também é parecido ao primeiro quadro, a diferença está que em vez de marcar a quantidade de room nights que negamos para um mês em particular, marcamos para dias específicos. É uma análise muito mais detalhada. Estas análises servem, por exemplo, quando temos muita sazonalidade nos hotéis ou quando há dias na semana em hotéis que recebem mais demanda que outros.

Nível Habitação/ Dia

Data de Consulta	2020							
	QUARTO STANDARD				QUARTO SUPERIOR			
	1/1/2020	2/1/2020	3/1/2020	4/1/2020	1/1/2020	2/1/2020	3/1/2020	4/1/2020
1/9/2019	2	1	0	0	0	0	0	0
2/9/2019	3	2	0	0	0	0	0	0
3/9/2019	4	1	0	0	0	0	0	0
4/9/2019	0	2	0	0	0	0	0	0
5/9/2019	3	1	0	0	0	0	0	0
6/9/2019	1	2	1	0	0	1	0	0
7/9/2019	8	3	1	0	0	1	0	0
8/9/2019	9	1	1	0	0	1	0	0
9/9/2019	3	2	1	0	1	1	0	0
10/9/2019	0	1	1	0	2	1	0	0
11/9/2019	1	2	2	0	2	1	0	0
12/9/2019	4	2	2	0	2	2	0	0
13/9/2019	2	2	2	1	2	2	0	0
14/9/2019	1	1	1	1	1	2	0	0
15/9/2019	4	0	1	1	1	2	0	0
Agregar dia seguinte	0	0	0	0	1	2	0	0
Subtotal	45	23	13	3	12	16	0	0

É a mesma análise que o quadro anterior, a diferença é que podemos aprofundar mais neste caso analisando por tipo de habitação, ao invés de analisar o hotel.

Este quadro oferece mais informações para saber o tipo de habitação que estamos negando por não ter vagas disponíveis.

DEMANDA ÚNICA

O mais importante em todos estes exercícios de medir no dia a dia as vezes que dizemos NÃO, é tentar conhecer realmente qual é a demanda do nosso hotel.

Podemos estabelecer uma espécie de fórmula que usaremos para um determinado mês.

ROOM NIGHTS OCUPADAS + ROOM NIGHTS NEGADAS = DEMANDA ÚNICA
Por exemplo, em janeiro de 2019 foram ocupadas 850 room nights de um hotel, e foram negadas 40 room nights. Isso nos dá uma demanda real de janeiro, que foi 890 room nights.

	2020		
	Ocupadas	Negadas	Demanda
janeiro	850	40	890
fevereiro	800	30	830
março	600	0	600
1er Trimestre	2250	70	2320
abril	550	0	550
maio	400	0	400
junho	380	0	380

2do Trimestre	1330	0	1330
julho	875	200	1075
agosto	800	80	880
setembro	700	196	896
3er Trimestre	**2375**	**476**	**2851**
outubro	850	60	910
novembro	741	90	831
dezembro	0	0	0
4to Trimestre	**1591**	**150**	**1741**

MECANISMOS PARA CONTROLAR A DEMANDA

Agora vamos ver os mecanismos ou ferramentas onde poderemos começar a controlar a demanda.

Ou seja, que através desses mecanismos podemos modelar e modificar a demanda.

Os dois mecanismos mais conhecidos para modelar ou controlar a demanda são PREÇO e DURAÇÃO DE ESTADIA.

PREÇO

Iniciamos com um caso bastante concreto. Supomos que este livro de Revenue Management (o livro que está lendo atualmente) tivesse um valor de US$ 1.000. Acredita que a demanda teria sido a mesma? Você teria comprado o livro?

Temos 100% de certeza que a demanda seria "0" ou nula.

Aqui é onde vemos que o preço é um mecanismo fundamental para modelar a demanda.

Com os hotéis acontece exatamente a mesma coisa. Através do preço nós podemos começar a modelar a demanda.

DURAÇÃO DA ESTADIA

Com os hotéis acontece que com a duração da estadia se pode ir modelando a demanda. Por exemplo, alguns hotéis de Bariloche, (na Patagônia Argentina, onde se encontra um centro de Esqui), os hotéis da temporada de esqui restringem o mínimo de estadia para 1 semana, e de sábado a sábado. Enquanto que nas outras datas que não são temporadas de esqui, deixam como mínimo de estadia somente 1 noite.

MODELOS DE TARIFAS MÍNIMAS

Vamos ver um modelo de análise que nos vai ajudar a dar o primeiro passo no tema de Controle da Demanda. A metodologia é correta, porém a análise é incompleta, já que muitas coisas são arbitrárias. Depois vamos ir vendo como realizamos os cálculos para que certas coisas deixem de ser arbitrárias e comecem a ser funcionais dentro de uma análise estatísticas. Agora nos concentraremos na ideia y no conceito desta planilha.

Como vimos nesta Unidade, já podemos analisar a demanda nos meses passados (em função da planilha de Demanda Única que vimos anteriormente). É por isso que agora vamos poder começar a prognosticar qual será a projeção da demanda nos períodos futuros.
Em função disso podemos calcular, por exemplo, o dia a dia de um mês em questão de qual será a % de Ocupação daquele mês.

Data	Forecast	Ocupacao Projetada	Tarifa mínima a aplicar
1/4/2020	214	86%	R$ 325
2/4/2020	208	83%	R$ 325
3/4/2020	146	58%	R$ 250
4/4/2020	170	68%	R$ 250
5/4/2020	104	42%	R$ 250
6/4/2020	221	88%	R$ 325
7/4/2020	236	94%	R$ 325
8/4/2020	282	113%	R$ 425
9/4/2020	244	98%	R$ 325
10/4/2020	150	60%	R$ 250
11/4/2020	147	59%	R$ 250
12/4/2020	129	52%	R$ 250
13/4/2020	219	88%	R$ 325
14/4/2020	275	110%	R$ 425

Conhecimentos Básicos e Práticos do Revenue Management Hoteleiro

Data	Demanda	Ocupação Projetada	Tarifa Mínima
1/4/19	220	105%	R$ 350
2/4/19	190		
3/4/19	195		
4/4/19	180		
5/4/19	170		
6/4/19	210		
7/4/19	120		
8/4/19	140		

Vamos identificar nesta planilha 3 PONTOS DE QUEBRA. Cada vez que se cruza um destes pontos de quebra entramos em uma zona que está representada por uma cor.

Os pontos de quebra (os arbitrários) são:

- Até o 70% de Ocupação – Zona Fria
- Entre o 70% a 100% de Ocupação – Zona Morna
- Mais de 100% de Ocupação – Zona Quente

Lembre-se de levar em consideração que estamos falando de Demanda, pode ser que a demanda seja maior que 100%, caso supere a oferta de habitações que temos.

Cada zona tem uma tarifa correspondente. Por exemplo, a zona fria (R$250), a zona morna (R$325) e a zona quente (R$425).

A lógica disso é começar a vender más caro quando sabemos que o hotel vai ter uma alta demanda. Por tanto podemos indicar ao setor de reservas do hotel quais são os dias que serão necessários oferecer distintas tarifas.

Os passos a realizar são:

- Armar e registrar uma Planilha Unificada
- Estimar uma Projeção para os Meses Próximos referentes ao ponto anterior (1)
- Definir os Pontos de Quebras (arbitrários)
- Definir a Tarifa de cada Zona
- Informar ao Setor de Reservas que aplique Zonas na gestão

Por exemplo, se estimamos que para o dia 08/04 existirá uma demanda de 113% em nosso hotel, imediatamente podemos indicar à equipe de reservas que a tarifa para tal dia será de R$425.

Conhecimentos Básicos e Práticos do Revenue Management Hoteleiro

Como informamos previamente, este modelo é incompleto, já que os pontos de quebras até o momento são arbitrários. Por que 70% e não 74%? Isso vai ser mostrado na continuação do livro.

EXERCÍCIOS DE TARIFAS MÍNIMAS

O Hotel América localizado em Cracovia tem uma capacidade de 210 habitações.

O Hotel tem três tipos de tarifas:
ALTA (R$ 350)
MÉDIA (R$ 250)
BAIXA (R$ 195)

Se determinou que seus pontos de quebras são 70% e 100% para estipular cada tipo de tarifa.

Data	Demanda	Ocupação Projetada	Tarifa Mínima
1/4/19	220	105%	R$ 350
2/4/19	190		
3/4/19	195		
4/4/19	180		
5/4/19	170		
6/4/19	210		
7/4/19	120		
8/4/19	140		

REGRA DE 3 SIMPLES PARA CALCULAR O % FORECAST
Aqui é mostrada uma tabela onde vemos, dia a dia, a quantidade de habitações demandadas.

O leitor deverá calcular a % de Ocupação Projetada e determinar qual será a tarifa mínima correspondente para tal período em função dos pontos de quebras determinados.

A fórmula de calcula é:

Ocupação Projetada = Demanda / Quantidade de Habitações do Hotel.

Tarifa Mínima: Ver a Ocupação Projetada e Determinar a Tarifa Mínima.

O VENDEDOR DE JORNAIS

Vamos realizar um exercício que, ainda que não tem relação com o mundo da hotelaria, é bastante gráfico e ajudará a ver mais adiante como calcular os pontos de quebra.

Bruno é um vendedor de jornais na cidade de São Paulo. Todas as manhãs vende jornais na famosa esquina da São João com Ipiranga.

Bem cedo, pela madrugada, ele compra jornais a 90 centavos e revende cada um a 1 real e 50 centavos.

Aqueles jornais que não foram vendidos, não poderão ser devolvidos. Portanto, todo jornal que foi comprado e não foi vendido, é dinheiro perdido. É muito importante saber a quantidade ótima de jornais que devem ser comprados, uma vez que, se stocka muito, se perde, e se stocka pouco, se ganha.

É por isso que Bruno se pergunta todos os dias. Qual a quantidade ótima de Jornais que devo comprar para obter o máximo lucro?

Para responder a esta pergunta, Bruno deverá começar a registrar números de vendas e analisar o passado. Em função disso, decide anotar em um bloco de notas a quantidade de jornais que vende dia a dia. Para que seja significativa a amostra, deverá realizá-la durante 100 dias.

Ou seja, que deverá anotar dia a dia a quantidade de jornais vendidos.

Logo depois, realiza uma análise que em estadística se chama: FREQUENCIA

Poderão ver na tabela, onde informa quantos dias foram vendidos tal quantidade de jornais.

Por exemplo, em 17 dias se vendeu unicamente 5 jornais. Nem mais nem menos.

O 100 que se observa significa a quantidade de dias tomado como medida.

DEMANDA (Jornais Vendidos)	# DE DIAS Dias do mês que houve essa demanda
0	4
1	7
2	9
3	12
4	13
5	17
6	13
7	10
8	7
9	5
10	3
	100

17 dias de um total de 100 foram vendidos únicamente 5 jornais

Os 100 días no qual a medição foi baseada

Agora adicionaremos uma coluna adicional ao analise, que se indica a PROBABILIDADE DE VEDER 0 OU MENOS JORNAIS QUE.

Onde a fórmula é Frequência dividido pela quantidade de dias da medição.

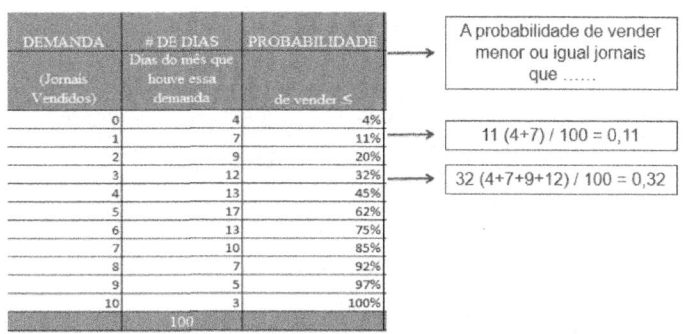

Por exemplo, a probabilidade de vender 0 ou menos jornais é de 4%. Que é o mesmo que 4 dividido por 100. Ou seja, que existe uma probabilidade de 4% de vender 0 ou menos jornais.

Também existe uma probabilidade de 11% de vender 1 ou menos jornais:

4 dias que foram vendidos 0 jornais + 7 dias que foram vendidos 1 jornal = 11 dias
11 dias dividido por 100 = 11%

Isso se a probabilidade de vender 1 ou menos jornais inclui também a de vender 0 jornais.

Aqui vemos por exemplo, como que a probabilidade de vender 3 periódicos é de 32%

Continuamos ampliando a análise e adicionamos uma nova coluna. Esta nova coluna indica a PROBABILIDADE DE VENDER X JORNAIS. Se calcula subtraindo do 100%, a probabilidade de vender menos ou igual jornais que X.

Por exemplo, a probabilidade de vender mais de 4 jornais é de 55%. Uma vez que 100% menos 45%, que é a probabilidade de vender 4 ou menos jornais, resulta em 55%.

A probabilidade de vender mais de 7 jornais é de 15%. Uma vez que 100% menos 85%, que é a probabilidade e vender 7 ou menos jornais, resulta em 15%.

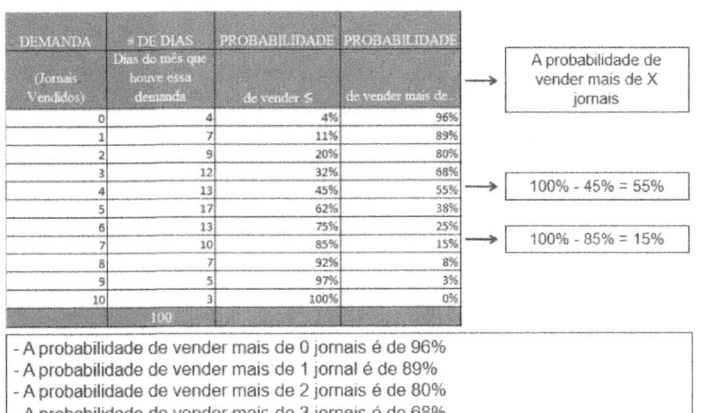

- A probabilidade de vender mais de 0 jornais é de 96%
- A probabilidade de vender mais de 1 jornal é de 89%
- A probabilidade de vender mais de 2 jornais é de 80%
- A probabilidade de vender mais de 3 jornais é de 68%

Ok. Mas até agora continuamos sem saber qual é a quantidade ótima de jornais a comprar para obter o máximo lucro.

Façamos o seguinte exercício e suponhamos que Bruno comprou durante 100 dias 10 jornais.

Se compra todos os dias, durante 100 dias, 10 jornais, que acontece? Ganha ou perde dinheiro por comprar o 10º jornal?

O 10º jornal só é vendido 3 dias de um total de 100.

100 dias x R$0,90 = R$90 por comprar o 10º jornal durante 100 dias.
3 dias x R$1,50 = R$4,50. Ganhou R$ 4,50 pelo 10º jornal.

R$ 4,50 (Entrou) − R$90 (Gastou) = − R$85,50 (Prejuízo por comprar o 10º jornal)

Não é conveniente comprar 10 jornais.

Necessitamos de uma fórmula que nos ajude a determinar a quantidade ótima de jornais a serem comprados.

Realizaremos isso utilizando a LEI de LITTLEWOOD, que foi uma pessoa que trabalhou em British Airways, a companhia aérea britânica e que foi um dos pioneiros do Revenue Management.

A Lei de Littlewood nos diz que é conveniente vender mais de tantos jornais sempre e quando a probabilidade de vender essa quantidade de jornais seja maior ao custo. Vamos ver em fórmulas:

P = PROBABILIDADE
Px(1,50) >= 0,90
P >= 0,90/1,50
P >= 0,60

A quantidade de jornais ótima que deve ser comprada se dá quando a probabilidade de tal quantidade é maior ou igual a 60%.

DEMANDA (Jornais Vendidos)	# DE DIAS Dias do mês que houve essa demanda	PROBABILIDADE de vender ≤	PROBABILIDADE de vender mais de..
0	4	4%	96%
1	7	11%	89%
2	9	20%	80%
3	12	32%	68%
4	13	45%	55%
5	17	62%	38%
6	13	75%	25%
7	10	85%	15%
8	7	92%	8%
9	5	97%	3%
10	3	100%	0%
	100		

Se voltamos aos dados e buscamos o que diz a lei de Littlewood, nos damos conta que o número mais próximo que seja maior ou igual ao 60% de probabilidade é em 68%, que equivale a vender mais de 3 jornais. Vender mais de 3 jornais é igual a 4.

Por tanto se entende que a quantidade ótima de jornais que devem ser comprados é 4.

Conhecimentos Básicos e Práticos do Revenue Management Hoteleiro

LEI DE LITTLEWOOD

Agora vamos aplicar a Lei de Littlewood para a indústria hoteleira. Realizaremos com um exemplo puramente prático.

EXERCÍCIO HOTEL AVELLANA

O Hotel Avellana é um Hotel 5 Estrelas localizado em Dubai, que tem 5 anos de operação.

A seguir informaremos os dados brutos do Hotel:

- Quantidade de Habitações: 85
- As 85 habitações são Standard.
- Classe Tarifária Alta: US$ 250
- Classe Tarifária Baixa: US$ 150 (geralmente ocorre por compra antecipada)

O Revenue Manager do Hotel sabe que a US$150 o Hotel fica cheio. Ou seja, que ocupa as 85 habitações. Porém ele quer reservar algumas habitações para vendê-las com a classe tarifária alta. O problema é que não sabe como identificar quantas habitações colocar à venda.

Em outras palavras, deverá identificar em que momento deverá deixar de vender barato e começar a vender caro.

Para resolver este problema, vamos aplicar a Lei de Littlewood.

A Lei de Littlewood nos diz que se deve encerrar com as Classes Tarifárias Baixas (CTB) o capital dado por vender uma habitação adicional a Classe Tarifária Baixa seja menor que o capital possível esperado por vender essa habitação adicional na Classe Tarifária Alta (CTA).

Probabilidade: CTB / CTA
Probabilidade: $150/250 = 0,6 = 60\%$

Da mesma maneira que Bruno, o vendedor de Jornais, o Revenue Manager do Hotel Avellana decide tomar os dados dos últimos 100 dias. Os 100 dias é uma amostra significativa.

É ideal destacar que cada Hotel deverá tomar uma amostra que represente melhor aquilo que desejam medir. Por exemplo, se tratando de um Hotel Corporativo que está analisando um dia específico da semana. Supomos que seja quarta-feira, o Revenue Manager poderá tomar uma amostra das últimas 100 quartas-feiras. Se um Hotel de Turismo quer analisar que ações a serem tomadas em junho de 2019, poderá tomar como amostra os 30 dias de junho de 2019 e os 30 dias de junho de 2018.

Conhecimentos Básicos e Práticos do Revenue Management Hoteleiro

Um ponto para aclarar é que tomar amostras estatísticas do que aconteceu no passado não dará certeza de que voltará a acontecer a mesma coisa ano futuro. Porém a realidade é que é muito melhor contar com essa informação do que não contar com ela. Como dissemos na Unidade 1, o Revenue Management não é uma ciência, e sim uma técnica. É por isso que se deve intervencionar com sentido comum. Parar dar um exemplo que corresponde, os Hotéis de Bariloche, na Patagônia Sul da Argentina, sofreram no ano de 2011, a erupção de um vulcão que cobriu a cidade de cinzas e impediu que os aviões chegassem na região.

Sendo assim, na hora de tomar amostras estatísticas, os hotéis de Bariloche não poderão tomar os meses do ano de 2011 como representativos para assumir decisões. Já que esses dados estarão, intoxicados de coisas que não são reais. Deverão tomar como amostra os anos de 2010 e 2012.

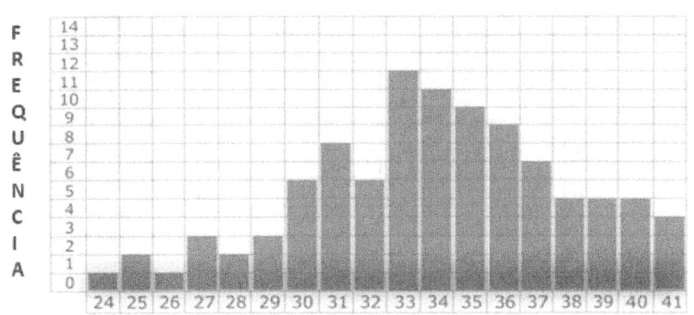

QUANTIDADE DE HABITAÇÕES

Seguindo com o exercício do Hotel Avellana, usamos os dados históricos dos últimos 100 dias para calcular a probabilidade. Vemos que a quantidade de habitações que foram vendidas a US$ 250, ou seja, à Classe Tarifária Alta (CTA).

No gráfico vemos que no eixo Horizontal temos a quantidade exata de habitações vendidas à CTA e no eixo Vertical vemos a Frequência.

DEMANDA	# DE DIAS	PROBABILIDADE	PROBABILIDADE
Quartos Vendidos a Tarifa USD 250	Quantidade de Dias	de vender <=	de vender mais de..
24	1	1%	99%
25	2	3%	97%
26	1	4%	96%
27	3	7%	93%
28	2	9%	91%
29	3	12%	88%
30	6	18%	82%
31	8	26%	74%
32	6	32%	68%
33	12	44%	56%
34	11	55%	45%
35	10	65%	35%
36	9	74%	26%
37	7	81%	19%
38	5	86%	14%
39	5	91%	9%
40	5	96%	4%
41	4	100%	0%
	100		

Se levarmos isso a uma tabela de frequência semelhante à do exercício do Vendedor de Jornais vemos o seguinte gráfico. Por exemplo, podemos ver que em 3 dias se vendeu unicamente 27 habitações a

US$ 250 (CTA). Por isso se desprende da análise de frequência que a probabilidade de vender 27 ou menos habitações é de 7% = (1+2+1+3) / 100. Enquanto que a probabilidade de vender mais de 27 habitações à CTA é de 93% = 100% - 7%.

Seguindo a Lei de Littlewood, dissemos que a quantidade de habitações que temos que reservar para vender à Classe Tarifária Alta (CTA) é conveniente sempre e quando a probabilidade de vender essa habitação seja maior a 60%. Tratando de se aproximar a este número e com estas características na Tabela, vemos que se encontra na linha de vender 32 habitações. Já que a probabilidade de vender mais de 32 habitações é de um 68%, por tanto cumpre com que seja maior ou igual aos 60%.

DEMANDA Quartos Vendidos a Tarifa USD 250	# DE DIAS Quantidade de Dias	PROBABILIDADE de vender <=	PROBABILIDADE de vender mais de..
24	1	1%	99%
25	2	3%	97%
26	1	4%	96%
27	3	7%	93%
28	2	9%	91%
29	3	12%	88%
30	6	18%	82%
31	8	26%	74%
32	6	32%	68%
33	12	44%	56%
34	11	55%	45%
35	10	65%	35%
36	9	74%	26%
37	7	81%	19%
38	5	86%	14%
39	5	91%	9%
40	5	96%	4%
41	4	100%	0%
	100		

A probabilidade de vender a Habitação 33 (mais de 32) a US$ 250 é de 68%. (mais que o 60%).

A probabilidade de vender a Habitação 34 (mais de 33) a US$ 250 é de 56%. (menos que o 60%).

Resposta do Exercício: Quando falta vender 33 habitações (ou seja, quando o hotel Avellana chega ao 61% de ocupação) deve-se encerrar as Classes Tarifárias Baixas, e guardar essas habitações para que elas possam ser vendidas a Classes Tarifárias Altas.

PONTOS DE QUEBRA

Desta maneira podemos começar a calcular assim os Pontos de Quebra. Quando começamos esta Unidade, os pontos de quebra eram puramente arbitrários. Para se fazer este tipo de análise de Frequência de Dados Históricos junto com a Lei de Littlewood.

COMO LEVAMOS À REALIDADE?

Diferentes Tipos de Tarifas no PMS

Antes de iniciar este tipo de análise, devemos ter categorizado as tarifas do nosso PMS (Software Hoteleiro) para saber identificar cada tarifa em CTB ou CTA. Desta maneira através das estatísticas do sistema podemos saber quantas se venderam de cada tipo.

ESTATÍSTICA DE FREQUÊNCIA

Devemos exigir do Provedor de nossos Softwares hoteleiros que contenha em algum reporte a estatística de frequência tal como vimos no gráfico. Ou seja, que nos permita escolher a quantidade de dias que queremos medir, assim com o critério (por exemplo, habitações vendidas a CTA), e que nos possa dar essa informação. É muito importante explicar o critério da frequência estatística.

DECISÕES MULTIVARIÁVEIS

Até o momento nos enfocamos em somente uma variável, o Preço. Como vimos, o Preço é uma grande AVALANCA para Controlar a Demanda.

Porém, vamos acrescentar um pouco de complexidade ao tema. Vamos acrescentar a Variável Duração da Estadia. Foi comentado no início da Unidade que a Duração da Estadia funcionava como outra alavanca adicional.

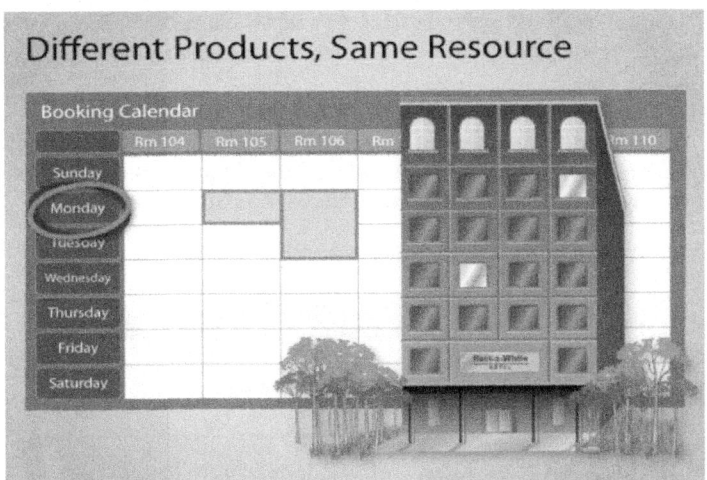

Como podemos ver no gráfico, na Segunda-feira temos dois check ins. O hóspede da Habitação 105 e o Hóspede da Habitação 106. Ainda que ambos se hospedam na noite de segunda-feira, o hóspede da habitação 106 permanece por uma noite adicional. Portanto há dois hóspedes usando o Inventário de Segunda-feira, mas com dois produtos distintos. Já que um permanece por uma noite e o outro por duas.

Então, quando tiver que definir que quantidade de inventario alocar a esses dois diferentes produtos, tenha em conta que ambos estão utilizando a noite de segunda-feira. Ou seja, quantas habitações deve deixar reservada para estadias de 2 noites e quantas para 1 noite.

Até o momento não sabemos a que tarifa compraram.

Agora, se acrescentamos o preço como variável, quer dizer uma Tarifa Alta e uma Baixa, vemos que se apresentam 4 possíveis cenários.

	€150	€200
One-night Stays		
Two-night Stays		

Vender a uma Tarifa Baixa por 1 noite.

Vender a uma Tarifa Baixa por 2 noites.

Vender a uma Tarifa Alta por 1 noite.

William Joseph Gooding Ortiz

Vender a uma Tarifa Alta por 2 noites.

Sem muita análise, se pode detectar que a opção mais conveniente é vender a tarifa alta por dois noites, depois a tarifa baixa por 2 noites, depois a tarifa alta por uma noite. Ou seja, que a opção menos conveniente das 4 é vender a tarifa baixa só por 1 noite.

Suponhamos que estamos projetando a demanda de um hotel em particular (lembrem-se da demanda unificada), e percebemos que para a próxima Quarta-feira estima-se uma demanda superior ao 100% da capacidade. Ou seja, que sabemos de antemão que podemos chegar a ter uma demanda superior ao 100%. Devemos então, escolher aquelas reservas que irá gerar mais lucro, isso significa que temos a possibilidade de escolher.

Conhecimentos Básicos e Práticos do Revenue Management Hoteleiro

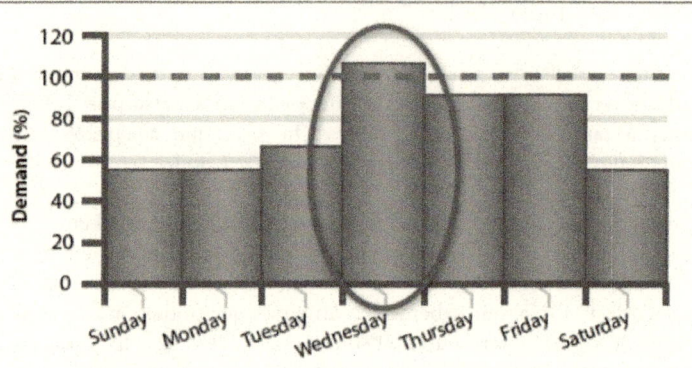

Porém, quando falamos sobre escolher aquelas reservas que são mais convenientes para a próxima Quarta-feira, temos que pensar que as reservas que vamos aceitar por 2 noite terá um efeito, não somente para a Quarta-feira, senão que também para a Quinta-feira. Portanto começamos a entender que NÃO podemos analisar em forma isolada a quarta-feira.

Neste gráfico se pode ver que na realidade o que ocorre na quarta-feira está relacionada com as decisões que se toma na terça-feira e com as decisões que se toma na quinta-feira. Já que as estadias são maiores a 1 noite.

Booking Calendar							
	Rm 104	Rm 105	Rm 106	Rm 107	Rm 108	Rm 109	Rm 110
Sunday							
Monday							
Tuesday							
Wednesday							
Thursday							
Friday							
Saturday							

Então, como foi dito anteriormente, não podemos realizar uma análise isolada de um dia em particular. Por exemplo, a quarta-feira. Ao contrário, devemos pensar e otimizar períodos de tempo maiores. Por isso que além de serem Decisões Multivariáveis, são decisões Simultâneas. Uma vez que o que se faz hoje afeta amanhã. E o que se decide amanhã está afetado pelo que foi decidido hoje e afetará depois de amanhã.

Noites	1	2	1	2			
Preço	USD 150	USD 150	USD 250	USD 250	Chegadas	Stay Overs	Total
Domingo	40	10	50	15	115	0	115
Segunda-feira	30	10	60	15	115	25	140
Terça-feira	30	20	20	30	100	25	125
Quarta-feira	40	50	30	25	145	50	195
Quinta-feira	40	50	50	15	155	75	230
Sexta-feira	30	40	70	15	155	65	220
Sábado	30	30	20	25	105	55	160

* É por isso que decidimos otimizar um período de tempo maior e selecionamos de Domingo a Sábado. Ou seja, que escolhemos 7 dias seguidos da semana.

* Como podemos ver, temos a fila de NOITES, onde estão as opções de permanecer UMA ou DUAS noites.

* As NOITES se CONJUGAM com o PREÇO, que pode ser de US$150 ou de US$200. Aqui nota-se as 4 possíveis combinações.

* Logo, para cada dia, temos uma demanda projetada que é em função do PREÇO e da QUANTIDADE de NOITES.

Uma demanda projetada de 30 habitações a US$150 por 1 noite

Conhecimentos Básicos e Práticos do Revenue Management Hoteleiro

---

Uma demanda projetada de 10 habitações a US$150 por 2 noite

Uma demanda projetada de 60 habitações a US$250 por 1 noite

Uma demanda projetada de 15 habitações a US$250 por 3 noite

* Se somamos toda a demanda para esta Segunda, vemos que na Coluna chegadas soma 115. Ou seja, 30 + 10 + 60 + 15. Por tanto, existe demanda para chegue a 115 habitações na Segunda-feira, cada uma com uma tarifa e uma estadia determinada.

Logo depois temos STAY OVERS. Que significa os hóspedes que chega no Domingo, mas que se hospedam por 2 noites. Podemos ver que são 25 ao total, 10 com tarifa de US$150 e 15 com tarifa de US$ 250.

Se somamos as Chegadas com os Stay Overs de Segunda-feira, podemos ver que somam 140. Por tanto a DEMANDA TOTAL para SEGUNDA-FEIRA é de 140. 115 que chegam e 25 Say Overs.

Então temos aqui um modelo armado onde vemos toda a demanda projetada. O que falta a este modelo é uma solução para saber que reservas aceitar e quais não aceitar, levando em conta quais são as que geram mais lucro de Domingo a Sábado.

Isso vamos ver com o Modelo que se chama SOLVER, que é um modelo de MAXIMIZAÇÃO DE RECEITA.

MODELO SOLVER

Vamos encarar o Modelo Solver com um Exercício.

A ideia principal do Modelo Solver é a seguinte. Existe um período de tempo determinado, que como vimos anteriormente pode ser de Domingo a Sábado. Também temos uma demanda projetada para esses dias. Temos más de um tipo de tarifa e mais de um tipo de duração da estadia. Temos uma capacidade de habitações limitadas. Por tanto devemos determinar neste período, quais são as reservas que temos que aceitar para que Maximize o Capital do Hotel.

EXERCÍCIO DO HOTEL AMSTERDAM

O Hotel Amsterdam se encontra localizado na Cidade de Amsterdam, na Holanda.

Conta com 210 habitações
Conta com 3 Tipos de Tarifas. US$ 195 – US$ 250 – US$ 350.
As durações de estadia do hotel variam de 1 a 3 noites.

Conhecimentos Básicos e Práticos do Revenue Management Hoteleiro

Pede-se ao Gerente do Hotel, John, que estipule a demanda para os próximos dias, tendo em consideração a combinação de tarifas e da duração da estadia.

Expected Demand											
Nights	1	2	3	1	2	3	1	2	3	Arrivals	Stay overs	Totals
Price	€195	€195	€195	€250	€250	€250	€350	€350	€350			
10/19	5	5	15	15	15	20	5	15	20	115	--	--
10/20	5	10	5	20	15	30	15	15	10	125	90	215
10/21	5	7	5	20	5	5	20	9	4	80	140	220
10/22	5	10	5	10	5	10	30	15	5	95	80	175
10/23	5	15	10	40	15	20	15	20	4	144	64	208
10/24	8	5	10	5	15	3	10	15	5	76	104	180
10/25	30	15	20	10	10	10	15	6	10	126	87	213
10/26	5	7	5	20	5	3	5	30	10	90	89	179
10/27	5	6	5	7	10	10	5	30	10	88	100	188
10/28	5	4	5	5	5	50	5	30	10	119	89	208
10/29	40	1	6	10	15	4	15	15	20	126	129	255
10/30	30	4	10	5	15	4	8	15	5	96	126	222
10/31	6	5	4	20	3	10	20	6	10	84	83	167
11/1	5	10	5	10	5	10	5	7	10	67	57	124

No gráfico vemos a combinação de noites (que vão de 1 a 3), e a combinação de tarifas.

Logo, temos os dias que John estipula. São dos dias 19 de outubro ao 1 de novembro. John estipula a demanda para cada um destes dias.

William Joseph Gooding Ortiz

Na coluna "ARRIVALS" se pode verificar as chegadas de cada um destes dias. Assim como, na Coluna "STAY OVERS", que são as habitações que estão ocupadas, mas que realizaram check in 1 ou 2 dias antes. É perceptível que para o dia 21 de outubro, há 80 chegadas e 140 stay overs. Os 140 stay overs podem ser vistos em violeta e corresponde a aqueles que no dia 19/10 permanecem por 3 noites e a aqueles que no dia 20/10 permanecem por 2 noites.

Seguindo o dia 21 de outubro, se somamos as Chegadas e os Stay Overs, o total resulta em 220 habitações. Que é maior que a capacidade do Hotel Amsterdam, figurada em 210. Por isso que nesta situação, se apresenta um desafio, que é determinar quais são as reservas que deverão ser escolhidas para poder maximizar os lucros do Hotel.

Porém, levando em consideração que está sendo determinado por um período de tempo que vai desde o dia 19/10 ao dia 01/11, deve ser apresentado um modelo matemático que possa ajudar a maximizar esse capital.

Este Modelo denomina-se SOLVER. É um Modelo de MAXIMIZAÇÃO.

MODELO SOLVER

Data	Parte 1: Variáveis da Decisão									TOTAL	210 MENOS ROH	RECEITA DIÁRIA
	1 € 195	2 € 195	3 € 195	1 € 250	2 € 250	3 € 250	1 € 350	2 € 350	3 € 350			
10/19	1	1	1	1	1	1	1	1	1	9	13	€ 4.770
10/20	1	1	1	1	1	1	1	1	1	15	0	€ 4.770
10/21	1	1	1	1	1	1	1	1	1	18	0	€ 4.770
10/22	1	1	1	1	1	1	1	1	1	18	2	€ 4.770
10/23	1	1	1	1	1	1	1	1	1	18	4	€ 4.770
10/24	1	1	1	1	1	1	1	1	1	18	62	€ 4.770
10/25	1	1	1	1	1	1	1	1	1	18	86	€ 4.770
10/26	1	1	1	1	1	1	1	1	1	18	98	€ 4.770
10/27	1	1	1	1	1	1	1	1	1	18	109	€ 4.770
10/28	1	1	1	1	1	1	1	1	1	18	95	€ 4.770
10/29	1	1	1	1	1	1	1	1	1	18	126	€ 4.770
10/30	1	1	1	1	1	1	1	1	1	18	82	€ 4.770
10/31	1	1	1	1	1	1	1	1	1	18	147	€ 4.770
11/1	1	1	1	1	1	1	1	1	1	18	126	€ 4.770
											Total	€ 66.780

Como se pode perceber no gráfico, e dando continuidade ao exercício do Hotel Amsterdam, a primeira parte do Modelo consta das Variáveis de Decisão. Nota-se que o quadro está completo com o número 1.

Tal número foi colocado já que nas planilhas de Excel é necessário preencher as células com um número. Assim que, onde está preenchido com o número 1, significa que o modelo vai resolver e aplicar a solução. Ou seja, que o Modelo Solver deverá indicar quais reservas aceitar por cada tipo.

A coluna de TOTAL é semelhante ao que já vimos, uma vez que soma as chegadas de cada dia e os stay overs.

Logo temos uma coluna que diz 210 menos ROH. 210 é o dado que indica o número de habitações. E ROH significa Reservations On Hand, podendo ser interpretado por reservas reais e confirmadas no mesmo dia indicado, no dia atual. Quer dizer que NÃO é uma projeção da demanda, e sim reservas reais. Fazendo 210 menos ROH resulta na quantidade de habitações disponíveis que se deve vender.

Logo depois aparece o capital diário. Até o momento é sempre o mesmo dado que agora a planilha está cheia de 1. Porém, quando se aplica o SOLVER e se indique que reservas devem ser aceitas, é o momento que se figurará o capital diário. Debaixo da coluna de Capital está a célula TOTAL, que é o capital de todo o período de tempo. O que se busca é justamente MAXIMIZAR ESSE NÚMERO.

PARTE 2 - DEMANDA PROJETADA									
Data	€ 195	€ 195	€ 195	€ 250	€ 250	€ 250	€ 350	€ 350	€ 350
10/19	0	0	0	0	0	0	0	0	0
10/20	0	0	0	0	0	0	0	0	0
10/21	3	2	0	1	1	0	1	0	0
10/22	4	2	0	5	3	1	2	1	1
10/23	9	8	3	5	3	3	6	3	2
10/24	10	1	0	5	6	3	6	6	3
10/25	10	8	8	9	9	0	11	10	0
10/26	34	2	2	18	1	1	18	1	0
10/27	13	14	6	8	5	0	5	4	0
10/28	21	19	0	9	1	0	6	0	0
10/29	20	9	0	11	8	9	7	6	5
10/30	22	15	8	12	8	5	13	7	5
10/31	24	1	0	12	12	6	12	11	5
11/1	13	12	10	13	12	0	14	15	0

Logo, na parte 2 observa-se a Demanda Projetada que foi pedida ao John. John determinou a demanda projetada para cada um dos dias do período de tempo que pretender ser maximizado.

É por isso que até o momento temos:

- Um período de tempo que vai desde o dia 19 de outubro até 1º de novembro.
- Temos a Quantidade de Habitações Disponíveis para Cada dia (210 menos ROH).
- Temos de 1 a 3 dias de Duração de Estadia
- Temos 3 tipos de Tarifa: US$ 195 – US$ 250 – US$ 350
- Temos a Demanda Projetada que John realizou
- Temos a Célula de TOTAL que é o Objetivo de Maximização de Capital

Por isso estamos prontos para Ativar Solver. Vamos mostrar primeiro como ativar o Solver no Excel.

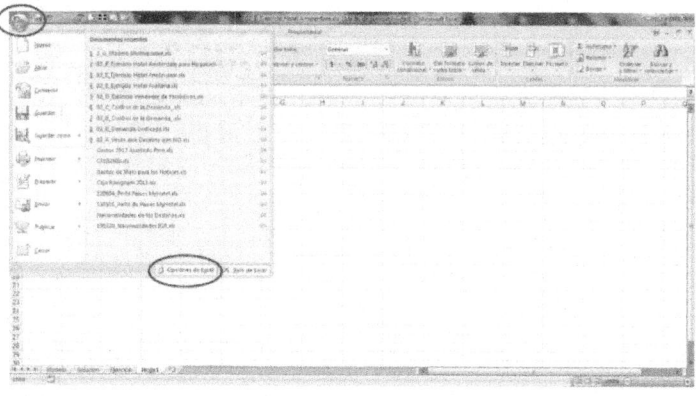

Uma vez aberto o Excel, ir ao Botão de Office e fazer click em Opções de Excel.

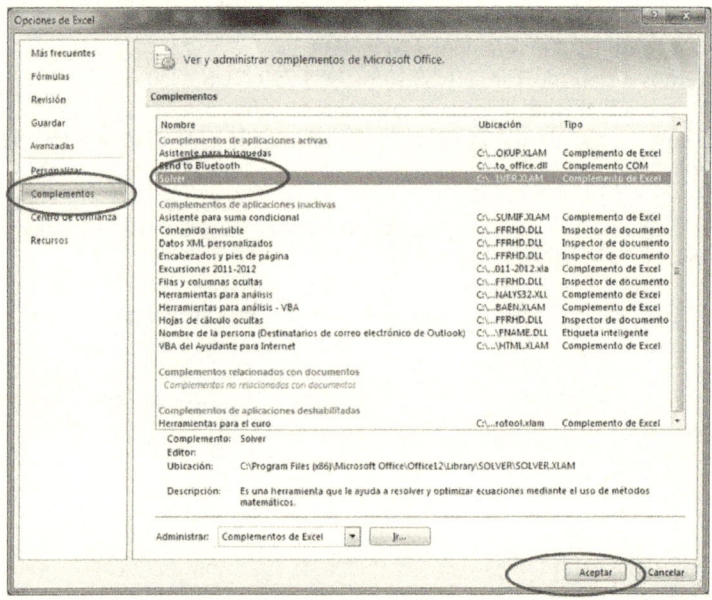

Logo ir a COMPLEMENTOS, escolher SOLVER e apertar ACEITAR.

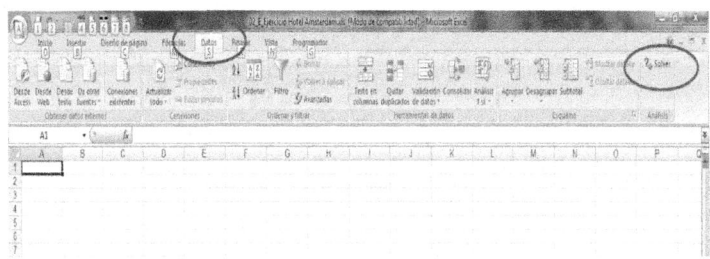

Uma vez instalado, para encontrar o Modelo Solver, devemos ir a DADOS e logo poderemos ver na parte superior e esquerda do menu, a opção SOLVER.

Uma vez no Solver, devemos realizar o seguinte:

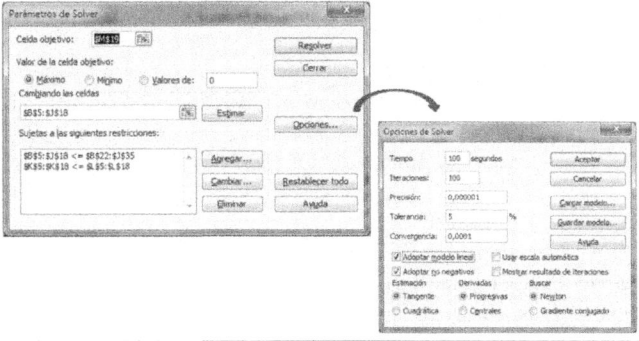

Célula Objetivo: Devemos colocar aqui o que queremos maximizar. Que neste caso é a Célula Total. Que implica o capital do período de tempo. O que queremos maximizar é o Capital Total deste período de tempo. Isso viria a ser o QUÊ.

Máximo: Deve estar marcado o bullet "Máximo", já que é a função que queremos maximizar.

Logo, onde diz Mudando Células, devemos escolher onde queremos que o SOLVER tome decisões. Que neste caso é onde está toda a zona com os números 1. Isso viria a ser o ONDE. Ou seja, sobre quais variáveis eu quero tomar uma decisão para maximizar meu capital.

Logo, temos as Restrições. Ou seja, que restrições têm este modelo:
- Que as Reservas a Aceitar não podem ser maiores que 210 – ROH. Assim que em nenhum momento posso aceitar mais habitações do que me restam disponíveis.

- Que as reservas a aceitar não podem ser maiores à demanda que projetou John.
Logo, se fizermos click no botão de Opções devemos marcar duas coisas:
- Adotar Modelo NÃO Lineal
- Adotar NÃO Negativos
Colocamos RESOLVER e SOLVER nos vai dar uma solução ao problema.

	Parte 1: Variables de Decisión											
	1	2	3	1	2	3	1	2	3		210 MENOS	INGRESOS
Fecha	€195	€195	€195	€250	€250	€250	€350	€350	€350	TOTAL	ROH	DIARIOS
10/19	0	0	0	0	0	0	0	0	0	0	13	€ 0
10/20	0	0	0	0	0	0	0	0	0	0	0	€ 0
10/21	0	0	0	0	0	0	0	0	0	0	0	€ 0
10/22	0	0	0	0	0	0	1	0	1	2	2	€ 1.400
10/23	0	0	0	0	0	0	0	1	2	4	4	€ 2.800
10/24	10	1	0	5	6	3	6	6	3	44	62	€ 18.290
10/25	10	8	8	9	9	0	11	10	0	86	86	€ 27.350
10/26	14	2	2	18	1	1	18	1	0	98	98	€ 17.430
10/27	13	14	6	8	5	0	5	4	0	70	109	€ 20.555
10/28	21	19	0	9	1	0	6	0	0	88	95	€ 16.355
10/29	20	9	0	11	8	9	7	6	5	101	126	€ 32.810
10/30	0	15	5	0	8	5	0	7	5	82	82	€ 26.675
10/31	24	1	0	12	12	6	12	11	5	142	147	€ 35.720
11/1	0	12	10	13	12	0	14	15	0	126	126	€ 35.180
										Total		€ 234.565

Para começar vemos que o Capital se maximiza em $ 234.564. Por exemplo, podemos ver que no dia 22/10 somente se aceitou 2 reservas da demanda que o John projetou. Uma reserva de 3 noites por US$ 350 e outra de US$ 350 por uma noite só.

RESUMO DE FÓRMULAS

AS VEZES QUE DIZEMOS QUE NÃO

Totaliza por Hotel e por Mês as Vezes que Dizemos que NÃO
Totaliza por Hotel e por Data as Vezes que Dizemos que NÃO
Totaliza por Habitação e por Mês as Vezes que Dizemos que NÃO
Totaliza por Habitação e por Data as Vezes que Dizemos que NÃO

Conhecimentos Básicos e Práticos do Revenue Management Hoteleiro

DEMANDA UNIFICADA

Habitações Ocupadas Reais do Mês + Vezes que Dizemos que NÃO para esse Mês.

Habitações Ocupadas Reais + Vezes que Dizemos que NÃO para essa Data.

LEY DE LITTLEWOOD

P(CTA) >= CTB/CTA (CLASSES TARIFÁRIAS BAIXAS SOBRE CLASES TARIFÁRIAS ALTAS)

SOLVER (EXCEL)

Objetivo de Maximização: Capital Total do Período
Tabela de variáveis a Toma Decisões: Reservas Novas a Aceitar
Restrição 1: Que as Reservas a Aceitar sejam Menores ou Iguais às Habitações Disponíveis
Restrição 2: Que as Variáveis sejam Menores ou Iguais à Demanda Projetada

UNIDADE 3

Elasticidade da demanda

Objetivos da Unidade: O Objetivo da Unidade 3 é focar-se na elasticidade da Demanda, já que dentro do Revenue Management nos enfrentamos com dois dilemas:

SE DIMINUO UMA PORCENTAGEM DO PREÇO, EM QUE PORCENTAGEM SOBE MINHA OCUPAÇÃO.

SE SUBO UMA PORCENTAGEM DO PREÇO, EM QUE PORCENTAGEM DIMINUI MINHA OCUPAÇÃO.

Este é o grande dilema do Revenue Management e sua resposta se encontra medindo a elasticidade.

Nesta unidade poderemos medir o impacto causado pelas modificações de preços.

Conhecimentos Básicos e Práticos do Revenue Management Hoteleiro

TEMAS DA UNIDADE 3

1. O Dilema do Prisioneiro
2. Guerra de Preços
3. Ponto de Equilíbrio
4. A Elasticidade da Demanda
5. Otimização de Preços
6. Discriminação de Preços
7. "Prospect Theory"
8. Tarifas Variáveis versus Dinâmicas
9. Pick Up Standard e Ampliado
10. Curvas de Reservas

William Joseph Gooding Ortiz

O DILEMA DO PRISIONEIRO

No decorrer do livro vimos diferentes formas e cálculos para poder controlar a demanda e tirar o RevPar, ainda assim nos falta responder uma pergunta muito importante para a correta tomada de decisões.

A principal pergunta nesse caso é:

SUBO AS TARIFAS TENDO UMA MELHOR MARGEM OU BAIXO AS TARIFAS PARA AUMENTAR A OCUPAÇÃO?

A verdadeira resposta a essa pergunta é que "DEPENDE DE COMO RESPONDA A DEMANDA"

Com o seguinte exercício vamos supor que podemos saber que ações outra pessoa vai tomar. Com isso, poderíamos saber como tomar nossas próprias ações de uma maneira melhor. Porém, infelizmente isso não costuma ocorrer.

Henry (Prisioneiro A) e Dave (Prisioneiro B) foram presos por roubar o Banco Santander Rio.

A polícia não consta com suficientes provas para condená-los à Prisão. Por isso, os dois prisioneiros foram separados e colocados em salas diferentes, para que pudessem confessar.

Os policiais fazem uma oferta para cada um, separadamente. Aquele que confessasse ia receber uma pena mínima e se NÃO for culpado, será liberado.

Se nenhum dos dois confessar permanecem em silêncio, ambos receberão uma Pena Mínima, já que a Polícia não tem provas. Essa pena mínima é de 1 ano.

Se um deles confessa dizendo que foi o outro, o outro receberá 20 anos e o que confessou tem a pena anulada. Se os dois confessam, recebem uma pena de 5 anos cada um.

Colocado o problema - QUAL É A MELHOR OPÇÃO PARA AMBOS?
A melhor opção seria que nenhum confessasse e que ambos fossem a prisão só por 1 ano.

QUE GERALMENTE OCORRE?

Ambos irão confessar e vão terminar com uma pena de 5 anos.

A mente de cada um sempre está ocupada pensando em que ações a outra pessoa vai tomar.

"Se sou o Prisioneiro A e penso que o B vai confessar, é conveniente que eu confesse também. Assim que Confesso".

"Se sou o Prisioneiro B e penso que o A NÃO vai confessar, ainda assim é conveniente para que eu confesse e ficar sem pena. Assim que Confesso".

Por confessarem, terminaram com um pior DEAL que o que poderiam ter conseguido se nenhum dos dois tivesse confessado.

Levando essa história para a hotelaria, se nota a semelhança no dia a dia com os CONCORRENTES, ou seja, como não sabemos que ações vão tomar os outros hotéis em relação as suas tarifas, pela dúvida, baixamos ou subimos as nossas, segundo corresponda, gerando sempre uma incerteza em nós mesmos e no outro hotel.

Guerra de Preços

Seguindo o tema anterior, nos Hotéis existe o Dilema do Prisioneiro no dia a dia. Não somente relacionada a uma pessoa ou prisioneiro, senão que com vários, com todo o setor Hoteleiro. O nosso Set Competitivo.

O pior de tudo é que NÃO se trata de só um dia, mas sim de uma sequência contínua. Podemos entrar em uma Guerra de Preços para uma tarifa dentro de 6 meses.

Conhecimentos Básicos e Práticos do Revenue Management Hoteleiro

Algo que devemos levar em consideração com a Guerra de Preços é que se torna muito difícil voltar à tarifa antiga quando entramos em uma Guerra de Preços.

Não precisa entrar em Pânico quando nossos concorrentes baixam suas Tarifas.

Todos nós sabemos o que ocorreu no dia 11 de setembro nos Estados Unidos.

Uma vez que passou esse terrível atentado, foi gerada uma "guerra" entre os hotéis com os preços em todo os Estados Unidos, ocasionando uma notável caída na indústria de turismo e aero comercial.

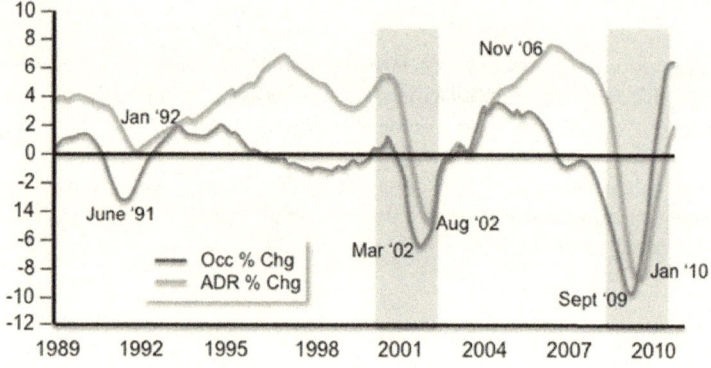

Nos meses seguintes, as pessoas deixaram de viajar e a demanda caiu um 10%, isso foi devido ao medo que as pessoas tinham de viajar em avião aos Estados Unidos.

Nesta imagem mostra dados concretos do STR (Smith Travel Report) e exemplifica como reagiram os hotéis em frente ao problema, e o que fizeram foi baixar os preços.

Esta estratégia de baixa de preços gerou pouca variação na demanda. Quer dizer que a caída de Preços não influenciou para que a demanda viajasse mais, senão que as pessoas não viajavam por medo que pudesse suceder algo com elas, por mais que baixassem os preços ou concedessem ofertas, não funcionava.

Logo após um tempo, já em 2003, a demanda começou a melhorar e os hotéis subiram suas tarifas, entretanto demorou muito tempo para recuperara as Tarifas utilizadas antes de 2001. Por essa decisão de baixar os preços, os hotéis sacrificaram, naquele período, muito Revenue, já que por mais que tentassem, não iriam FORÇAR A DEMANDA.

Passado um tempo, pareceu que os Hotéis dos Estados Unidos haviam aprendido a lição, uma vez que os preços em 2004 continuaram a subir, ainda que a demanda estivesse diminuindo um pouco. Assim, seguiram subindo a tarifa até que em 2007 chegaram ao ponto máximo.

Em 2008, com a crise Mundial financeira, se colapsou a demanda em um 15% e outra vez se mostrou que baixar os Preços não foi uma solução ao problema. Como se nota no gráfico, essa crise financeira foi ainda pior, já que os preços foram ainda mais baratos que em 2001 e a demanda não cresceu.

Dando outro exemplo à guerra de preços, temos o ocorrido em Bariloche, Argentina, uma cidade localizada ao sul do país. Com a erupção do Vulcão Puyehue em 2011, a zona ficou totalmente inacessível, devido às chuvas e às cinzas, o que deixou impossível o acesso por avião ou automóvel aquela região.

O fato ocorreu em plena temporada de inverno e os hotéis começaram a se preocupar e a baixar os preços. Entretanto, por mais promoções que fizessem ou saídas em cupons, tais como Grupon ou Let's Bonus, não foi possível influenciar a demanda.

As pessoas não queriam ir à região, devido à divulgação dos meios de televisão e rádio. Informavam que era complicado respirar e que as casas e os carros ainda estavam tomados pelas cinzas. É outro exemplo claro de que a DEMANDA NÃO PODE SER FORÇADA.

★★★★★	HOTEL 5 ESTRELAS CUSTAVA 200 US$ AGORA CUSTA 150 US$
★★★★	HOTEL 4 ESTRELAS CUSTAVA 150 US$ AGORA CUSTA 100 US$
★★★	HOTEL 3 ESTRELAS CUSTAVA 100 US$ AGORA CUSTA 75 US$
★★	HOTEL 2 ESTRELAS CUSTAVA 75 US$ AGORA CUSTA 50 US$
★	HOTEL 1 ESTRELA CUSTAVA 50 US$ AGORA CUSTA 25 US$

Outra consequência que trai a guerra de preços são os colapsos tarifários por categoria de Hotel, tal como vemos no exemplo acima.

Quando uma cidade entra em guerra de preços, faz com que os hotéis de 5 estrelas que custavam US$200 custem US$ 150; os de 4 estrelas que custavam US$150 custem US$100; os de 3 estrelas que custavam US$100 custem US$75; os de 2 estrelas que custavam US$75 custe US$50 e os hotéis de 1 estrela que custavam US$50 terminam custando US$25.

Levando tal fato em consideração podemos analisar as seguintes ideias:

BAIXAR OS PREÇOS NÃO SIGNIFICA UMA MAIOR DEMANDA

Nem sempre baixar os preços implica que a Demanda ai aumentar. Às vezes as CRISES geram que a Demanda tome seu tempo para voltar a crescer. A diminuição de Preços não vai acelerar esse processo.

USEMOS FERRAMENTAS ESTATÍSTICAS

Antes de Baixar os Preços, respiremos profundo e analisemos as Demandas. Usemos as Ferramentas Estatísticas presentes. Tratemos de entender se efetivamente baixar o preço vai gerar uma subida no volume. Às vezes funciona, às vezes não.

SEGMENTAÇÃO COMO MARKETENEIROS

Baixar TODAS as nossas Classes Tarifárias, para TODOS os nossos segmentos não vai ter outro resultado que piorar nosso capital entrante. Porque baixamos a tarifa àquele segmento que não se importava em pagar mais. Segmentamos nossas Classes Tarifárias.

Essa situação nem sempre funciona da mesma maneira com todos, já que existem hotéis mais propensos que outros a entrar em guerras de preços. Vamos expor como exemplo dois hotéis.

Rest a While Hotel, localizado em uma zona metropolitana com muita concorrência ao seu redor. O target desse hotel é o segmento corporativo intermédio que, quando viaja, pesquisa preços nos portais online.

O outro Hotel se chama Ithaca, localizado na Costa Sul da França, especificamente em uma praia. Este hotel atrai pessoas VIPs que pagam tarifas altas por se hospedarem em um estabelecimento deste estilo.

Em relação a esses dois exemplos, é obvio que o Hotel Rest a While é mais propensa a entrar em uma guerra de preços que o Hotel Ithaca, devido as seguintes situações:

O Hotel Rest a While tem uma baixa diferenciação com seus concorrentes, já que existem muitos hotéis na cidade com as mesmas características. Enquanto o Hotel Ithaca é um Hotel de luxo com pouca ou quase nenhuma concorrência a ser comparada.

Os clientes que costumam ir ao Hotel Rest a While são mais pesquisadores de preços, ou seja, são mais sensíveis ao preço, comparando com as pessoas VIPs que se hospeda no Ithaca, que não têm problemas em pagar qualquer preço.

No caso do Hotel Ithaca, ao ter poucos hotéis no destino, por ser tão exclusivo, é mais difícil poder encontrar preços, quando que no hotel Rest a While é mais fácil de encontrar e comparar preços.

No caso do Hotel Ithaca, "a clientela" do hotel costuma ser mais leal à marca, coisa que não passa no outro hotel, já que os clientes são mais influenciados pelo preço ou por promoções que pela marca.

No caso do Hotel Ithaca, o crescimento da tarifa é mais rápido e mais fatível que no caso do Rest a While, que sempre está em constante batalha com seu set competitivo.

Antes de encerrar o tema da Guerra de Preços, realizamos a seguinte pergunta:

SE EU BAIXO A TARIFA, EM QUE MEDIDA AUMENTARÁ MINHA OCUPAÇÃO?

SE EU SUBO A TARIFA, EM QUE MEDIDA ME DIMINUIRÁ A OCUPAÇÃO?

PONTO DE EQUILÍBRIO

Normalmente os hotéis costumam ter alguns dados na cabeça como a porcentagem de ocupação ou a tarifa média, porém é também muito importante ter outros dados como o Ponto de Equilíbrio ou Break Even.

O Ponto de Equilíbrio ou Break Even é um ponto onde o capital total do hotel é igual ao custo total, quer dizer que o hotel não obtém renda nem perda.

O ponto de equilíbrio é uma referência importante para o hoteleiro para saber qual é a quantidade mínima de habitações que se deve vender e a que valor para poder estar em equilíbrio.

PONTO DE EQUILÍBRO

Como vimos nesta breve introdução, o ponto de equilíbrio é o momento em que qual o hoteleiro nem ganha e nem perde.
Antes de mostrar a fórmula do ponto de equilíbrio, propomos o seguinte problema:

Conhecimentos Básicos e Práticos do Revenue Management Hoteleiro

---

> P1 (Preço) = US$ 150
> Q1 (Quantidade) = 900 Room Nights
> GV1 (Gastos Variáveis) = US$ 20 (Café da Manhã / Lavanderia / Limpeza / Etc)
> L1 (Lucro) = (P1 – GV1) X Q1 = (150 – 20) X 900 = US$ 117.000
>
> Suponhamos que baixamos nossa Tarifa a US$ 120 e para esse Preço a quantidade de Room Nights demandadas sobe a 1.000.
>
> P2 = USD 120
> Q2 = 1000 Room Nights
> GV2 = Permanece igual. Em US$ 20.
> L2 = (P2 – CV2) X Q2 = (120 – 20) X 1000 = US$ 100.000
>
> ΔQ = (Q2 – Q1)
> ΔP = (P2 – P1)
> CM (Contribuição Marginal) = P - CV

Temos um hotel com uma tarifa de 150 usd e com esta tarifa vende um total de 900 room nights, isso gera ao hotel um gasto variável de 20 usd. Os gastos variáveis são: o café da manhã, serviço de lavanderia, manutenção, etc. Queremos calcular com esses dados o lucro obtido pelo hotel.

Para calcular o lucro subtraímos o preço dos gastos variáveis e multiplicamos pela quantidade de room nights vendidas. Que seria 150-20 vezes 900, dando um total de 117 mil usd.

Agora, suponhamos que o Hotel baixou sua Tarifa a usd 120 e para esse preço a quantidade de room nights demandada sobe a 1000 e os gastos variáveis se mantêm igual.

Aplicamos a mesma fórmula subtraindo o preço dos gastos variáveis e multiplicando pela demanda, que neste caso seria 120-20 x 1000, gerando um lucro de 100mil usd.

Concluímos então, que essa mudança de tarifa não foi conveniente.

Para o cálculo do ponto de equilíbrio, precisamos ter alguns dados extras, continuando com este exemplo, queremos encontrar a variação de room nights, representada por DELTA Q, a variação de preço, representada por Delta P e a contribuição marginal, representada por CM, para encontrar o Delta Q se realiza a seguinte operação: Q2 – Q1

QUE NO EXEMPLO ANTERIOR SERIA 1000 – 900, DANDO UM TOTAL IGUAL A 100.

E para encontrar o Delta P se realiza a seguinte operação: P2 – P1, ou seja, 150 – 120, dando um total de -30.

E por último para poder encontrar a contribuição marginal, por exemplo, do primeiro caso, devemos subtrair o PREÇO dos GASTOS VARIÁVEIS, ou seja, 150 – 20 dando um total de 130.

Muito bem! Com estes dados agora sim poderemos mostrar um exercício de ponto de equilíbrio e sua fórmula ou algoritmo. Por exemplo:

Conhecimentos Básicos e Práticos do Revenue Management Hoteleiro

1. HOTEL REST A WHILE
2. Preço: US$ 100
3. Gastos Variáveis: US$ 15
4. Está considerando baixar US$ 10 da Tarifa
5. As Room Nights vendidas são de 500 RN.
6. Desejam calcular o Ponto de Equilíbrio para baixar essa Tarifa

$$\%BE = \frac{-\Delta P}{CM + \Delta P} \times 100 \qquad \%BE = \frac{-(-10)}{85 - 10} \times 100 \qquad \frac{10}{75} \times 100 = 13.3\%$$

O PONTO DE EQUILÍBRIO (BE) DE REST A WHILE HOTEL É DE 13,3%. O QUE QUER DIZER QUE A OCUPAÇÃO DEBE SUBIR PELO MENOS UM 13,3% PARA QUE SE POSSA BAIXAR OS US$10 DA TARIFA. SE SOBE MENOS QUE 13,3% HÁ UM PREJUÍZO. SE SOBE MAIS, HÁ LUCRO. OU SEJA, QUE A PARTIR DE 567 (500 x 1,133) ROOM NIGHTS, O HOTEL ESTARÁ RECEBENDO LUCRO.

Temos o HOTEL REST A WHILE, com um preço de 100 usd a noite e Gastos variáveis de 15 usd. E estão analisando a opção de baixar em 10usd o valor da tarifa. As rooms nights vendidas a 100 usd dá um total de 500 Room Nights. Necessitam calcular o Ponto de Equilíbrio para baixar essa tarifa.

A fórmula para encontrar o Ponto de Equilíbrio ou BREAK EVEN, é a seguinte:

Ponto de Equilíbrio é = a Variação de Preço (ou Delta P Negativo) dividido pela Contribuição Marginal (CM) + a Variação de Preço (ou Delta P). Tudo isso x multiplicado por 100, já que o resultado será em porcentagem.

Adicionando números aos valores da fórmula, teremos, Delta P como -10, já que o Delta P é resultado da subtração do Segundo Preço com o Primeiro, ou seja, 90 – 100, que é igual a -10.

Depois devemos encontrar a Contribuição Marginal, que conforme vimos é o resultado da Subtração do Preço com os Gastos Variáveis, ou seja, 100 -15, que é igual a 85. Logo voltamos a colocar o valor do Delta P que era -10 e realizamos as seguintes operações aritméticas correspondentes, que nos dará tal resultado.

10 dividido por 75 vezes 100 = 13,3%

Isso quer dizer que o PONTO DE EQUILÍBRIO (Sigla BE), Do HOTEL REST A WHILE é de 13,3%. O QUE QUER DIZER QUE A OCUPAÇÃO DEVE SUBIR AO MENOS UM 13.3% PARA QUE SE POSSA BAIXAR OS 10 USD DA TARIFA. SE NÃO ALCANÇA OS 13.3% PERDEREMOS DINHEIRO. SE ALCANÇAR E CHEGAR A PASSAR, ENTÃO GANHAREMOS DINHEIRO.

PARA ISSO É NECESSÁRIO VENDER MAIS DE 567 ROOM NIGHTS, QUE É O RESULTADO DA MULTIPLICAÇÃO DE 500 X 1.133.

Mas sabemos que se se aumenta a ocupação aumenta os gastos variáveis médios ocultos como os amenities, a quantidade de camareiras, manutenção entre outros.

Conhecimentos Básicos e Práticos do Revenue Management Hoteleiro

---

Por essa razão podemos adicionar na fórmula do ponto de equilíbrio o fator Delta GV. Que seria a variação dos Gastos Variáveis.

Incluindo a fator Delta GV, devemos analisar:

Se a OCUPAÇÃO aumenta um 13,3%, aumenta o GV em 5usd e o GV passaria a 20usd. Que quer dizer que o Delta GV ou a Variação dos Gastos Variáveis é igual a usd5. Por tanto a nova fórmula ficaria de tal maneira:

1. Se a Ocupação aumenta um 13,3%, aumenta o GV em USD 5
2. O GV pasa a US$ 20
3. $\Delta GV = US\$ 5$
4. Portanto a Nova Fórmula é:

Rest-a-While

$$\%BE = \frac{-(\Delta P - \Delta GV)}{CM + (\Delta P - \Delta GV)} \qquad \%BE = \frac{-(-10-5)}{85 + (-10-5)} \qquad \frac{15}{70} = 0.214 \text{ ou } 21.4\%$$

CHEGAMOS A CONCLUSÃO DE QUE SE O HOTEL REST A WHILE BAIXA US$10 SUA TARIFA, E SE SEUS GASTOS VARIÁVEIS AUMENTAM US$5, A OCUPAÇÃO QUE NECESSITA ALCANÇAR PARA CHEGAR AO PONTO DE EQUILÍBRIO É DE 21,4%.

Ponto de Equilíbrio ou Break Even é igual a Delta P (ou Variação de Preço) – Delta GV (ou Variação de Gastos Variáveis.). Tudo entre parênteses e com o sinal negativo, / dividido pela contribuição marginal (CM) + (entre parênteses) Delta P menos Delta GV. (OU seja, Variação de Preço – Variação de Gastos Variáveis).

Se substituirmos os valores por números a fórmula seria:

Delta P como -10 (já que é mesmo valor que antes) e Delta GV como -5 (conforme analisado anteriormente). Tudo dividido por 85 (que é a mesma contribuição marginal que antes) – 10 – 5 (que são o Delta P e o Delta GV), realizamos os cálculos correspondentes e como resultado teremos:

15/70 = 0,214 OU 21,4%

Chegamos à conclusão de que SE O HOTEL REST A WHILE BAIXA **10 USD** DA SUA TARIFA, E SEUS GASTOS VARIÁVEIS AUMENTAM **5 USD**, A OCUPAÇÃO QUE NECESSITA INCREMENTAR PARA PODER CHEGAR AO PONTO DE EQUILÍBRIO É DE 21,4%.

ELASTICIDADE DA DEMANDA

Agora começaremos a falar um pouco de elasticidade, um termo muito usado na economia.

A elasticidade da demanda, também conhecida como a elasticidade/preço da demanda se utiliza para medir a sensibilidade ou capacidade de resposta de um produto ou serviço à uma mudança no seu preço.

Algo importante é que para medir a elasticidade é necessário sempre provar.
Podemos realizar essa análise, por exemplo, para segmentos em particular. Para provar qual elasticidade tem cada um deles.

A Elasticidade da demanda pode adotar 2 formas: Demanda Elástica ou Demanda Inelástica.

A Demanda Elástica sucede quando baixamos o preço, mas a quantidade demandada aumenta mais do que foi baixado. Portanto o capital total é melhor, mesmo logo após ter baixado o preço. A situação 2 é ainda melhor que a 1.

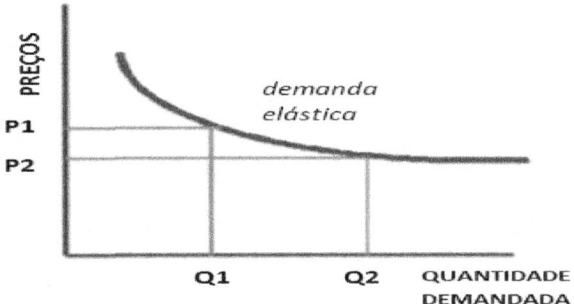

A Demanda Inelástica, em comparação, sucede quando um aumento do Preço faz com que a demanda se mantenha igual, mas que o capital total suba.

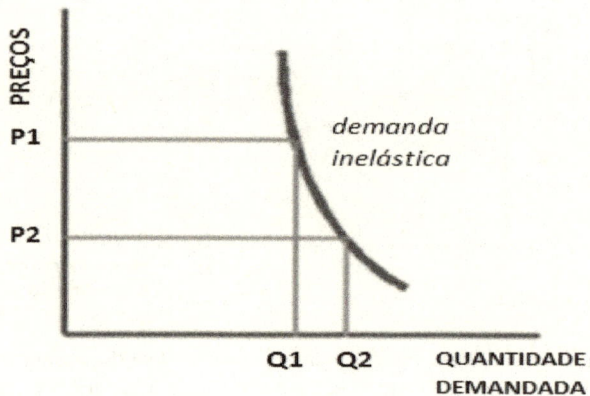

Agora, como podemos medir a demanda e saber diferenciar os dois tipos?

ELASTICIDADE BAIXA OU INELÁSTICA (O VALOR ABSOLUTO É MENOR OU IGUAL A 1)

Isso ocorre quando a demanda de um produto ou serviço não é muito sensível às mudanças de preços. A maioria dos produtos que consumimos no dia a dia, como os de necessidades básicas, são inelásticas. Por exemplo, se o Gás aumenta um 1%, a demanda pode cair um 0,2%.

DEMANDA ELÁSTICA (O VALOR ABSOLUTO É MAIOR A 1)

Este outro tipo de demanda aparece quando nos referimos a um produto ou serviço que é muito sensível às mudanças de preços.

Uma vez que explicamos as definições dos distintos tipos de demanda, devemos levar em consideração quais fatores influenciam na elasticidade:

Quanto mais Substitutos, Maior elasticidade. Quer dizer que, quanto maior for a quantidade de hotéis à eleição, maior é a elasticidade.

Os produtos de primeira necessidade são menos elásticos que os de luxo, ao levar isso à hotelaria, um hotel com destino Vip com pouca concorrência se converteria, praticamente, em um hotel com demanda inelástica.

A duração da modificação do preço. Não é a mesma coisa um FLASH DEAL ou um BLACK FRIDAY, já que FLASH DEAL é destinado a um determinado dia, enquanto que os BLACK FRIDAY, são descontos para todos as sextas-feiras.

Percepção do Preço, para explicar o que é a percepção daremos o seguinte exemplo.

SITUAÇÃO

É um Domingo Nublado, você está em um Shopping com sua mulher ou marido e precisa comprar uma TV para o seu quarto e um Caderno para o seu filho. Vocês se dividem para buscar os itens, um de vocês procura no térreo e outro no terceiro piso. Ambos começam pelo caderno.

CADERNO

Você se encontra no terceiro piso e entra na Primeira Loja, pergunta ao vendedor quanto custa o caderno e ele te responde que são R$ 25,00 reais.

Você chama a outra pessoa que está no térreo, que te comenta que o mesmo caderno em outra loja está por R$10,00 reais.

O desconto entre cada um é de R$15,00 reais.

Geralmente, o que fazem as pessoas nessa situação? Desce até o térreo e compra o caderno que vale R$10,00 reais.

TV

Você está no terceiro piso, na primeira loja, e pergunta ao vendedor o preço de uma TV, ele te responde que vale R$ 2.500,00 reais.

Você então chama a outra pessoa que está no térreo e ele comenta que, com um cartão de desconto que ele tem, a mesma TV sairia por R$ 2.485,00 reais.

O desconto entre cada um é de R$ 15,00 reais.

Geralmente, o que fazem as pessoas nessa situação? Elas permanecem no terceiro piso e compram a TV de R$ 2.500,00 reais.

Porque isso sucede? Porque o produto que está sendo comprada a percepção de preço é muito distinta uma da outra, já que R$15,00 reais de desconto em uma TV não é nada, mas em um Caderno é significativo.

Muito bem! Já compreendido os fatores que inferem na elasticidade da demanda, veremos o que sucede se subimos ou baixamos preços em cada uma delas.

O que sucederia com a Demanda Elástica se os preços aumentam:

Se os preços aumentam, a demanda cai em uma proporção maior. Em consequência, o capital entrante é maior.

Ex.: Se os preços sobem 8%, a demanda cai 12%.

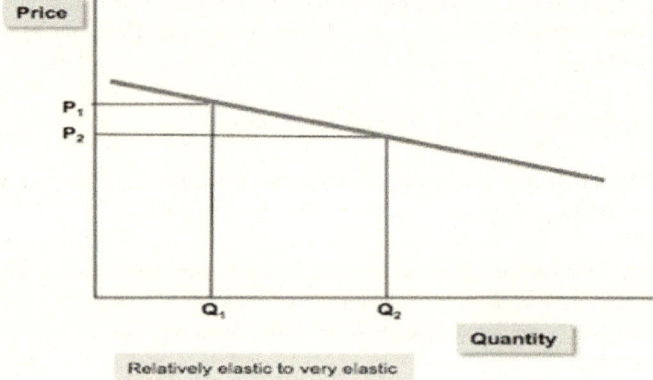

O que sucederia com a Demanda Elástica se os preços baixam: Se os preços baixam, a demanda aumenta em uma proporção maior. Em consequência, o capital entrante é menor. Ex.: Se os preços baixam 5%, a demanda aumenta 10%.

Tal como se vê no gráfico, se P1 (1º Preço) é mais caro, Q1 (1ª Quantidade) é menor que a demanda, comparado com P2 (2º Preço), que é mais barato, aumentando assim a demanda até Q2 (2ª Quantidade).

Que acontece com a Demanda Inelástica se os preços aumentam?

Se os preços aumentam, a demanda cairia numa proporção menor. Em consequência, o capital entrante seria maior. Ex.: Se os preços aumentam 8%, a demanda cai 3%.

Que acontece com a Demanda Inelástica se os preços baixam?

Se os preços baixam, a demanda aumenta em uma proporção menor. Em consequência, o capital entrante é menor. Ex.: Se os preços baixam 5%, a demanda aumenta 2%.

Tal como se vê no gráfico, se P1 (1º Preço) é mais caro, Q1 (1ª Quantidade) é menor que a demanda, mas em menores proporções, comparado com P2 (2º Preço), que é mais barato, aumentando a

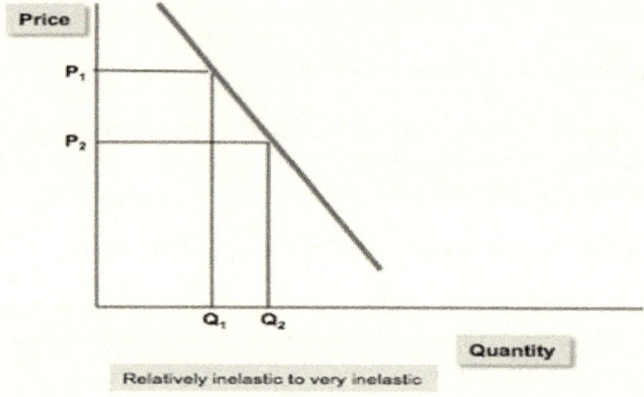

demanda, também em menores proporções, até Q2 (2ª Quantidade).

Com toda essa informação, ainda não sabemos determinar se nosso hotel tem uma demanda elástica ou inelástica. Para poder ter essa informação, deve-se aplicar a seguinte fórmula:

$$E_d = \frac{\text{Variação porcentual da quantidade demandada}}{\text{Variação porcentual no preço}} = \frac{\frac{\Delta Q_d}{Q_d}}{\frac{\Delta P}{P}}$$

Essa fórmula quer dizer que para conseguir a elasticidade do seu hotel, deve-se dividir a variação de room nights "▲Qd" pela a quantidade de room nights "Qd" sobre a variação de preço "▲P" por preço "P".

Sempre recordamos que para conseguir "▲Qd" deve-se realizar a operação "Q2-Q1" e para conseguir "▲P" deve-se realizar a operação "P2-P1".

Também recordamos que para ter uma Demanda Inelástica, o valor absoluto, que é o resultado dessa operação, deve ser ≤ 1, para ter uma Demanda Elástica, o valor absoluto deve ser > 1.

Realizemos um exemplo prático:

Temos um hotel que tem os seguintes dados:
P1 (1º Preço) = US$40
Q1 (1ª Quantidade) = 10 Room Nights

O gerente está pensando em modificar os preços levemente.

P2 (2º Preço) = US$32
Q2 (2ª Quantidade) = 14 Room Nights

Com esses dados, queremos saber que tipo de demanda tem o hotel.

O primeiro a ser feito é calcular as variações de preço e room nights.

$\Delta P = (P2 - P1) = (32 - 40) = -8$
$\Delta Q = (Q2 - Q1) = (14 - 10) = 4$

Aplicamos a fórmula de Elasticidade:

ELASTICIDADE = $(\Delta Q / Q) / (\Delta P / P) = (4 / 10) / (-8 / 40) = -2$

Tal como vimos, esse hotel tem uma elasticidade do tipo Elástica, já que seu valor absoluto é 2, que é maior que 1.

Também podemos tirar as seguintes conclusões:

% CHANGE Q = $\Delta Q / Q1 = (4/10)$ x 100 = 40% (porcentagem de mudança de room nights)
% CHANGE P = $\Delta P / P1 = (-8/40)$ x 100 = -20% (porcentagem de mudança de preço)

SE % CHANGE Q > % CHANGE P = DEMANDA ELÁSTICA (se a porcentagem de mudança de room nights é maior que a porcentagem de mudança de preço a demanda é Elástica).

SE % CHANGE Q < % CHANGE P = DEMANDA INELÁSTICA (se a porcentagem de mudança de room nights é menor que a porcentagem de mudança de preço a demanda é Inelástica).

Como podemos colocar na prática?

Sempre PROVANDO E EXPERIMENTANDO E REGISTRANDO. Ao provar baixar a tarifa por determinado valor, por determinados dias, para ver como reagiu a demanda com a fórmula dada.

O fato é saber até quando seguir provando e experimentando?

Até que o Ponto onde a Elasticidade da Demanda for igual a 1.
Nesse momento já não é conveniente baixar mais os preços, porque a demanda se tornará inelástica.

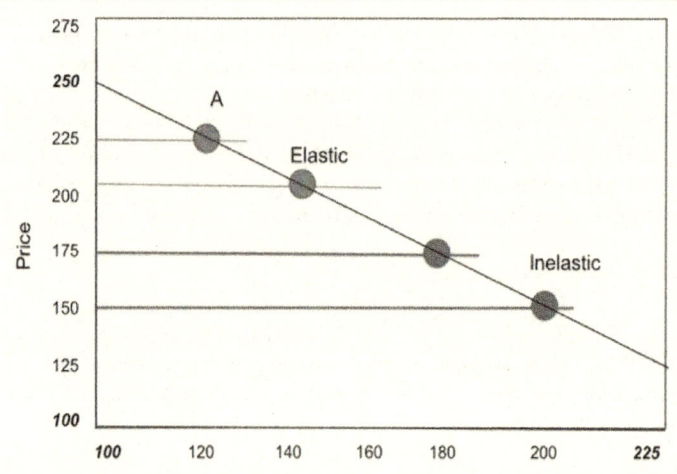

Tal como vemos neste exemplo, não devemos baixar o preço mais que 150 dólares, porque além isso a demanda passaria de elástica a inelástica.

Realizemos um exercício de demanda para colocar em prática o que foi visto:

Temos um Hotel com os seguintes dados:

William Joseph Gooding Ortiz

ANÁLISE DO HISTÓRICO

As últimas 3 segundas-feiras tinham uma tarifa para o segmento corporativo de US$ 100. A demanda para esses apartamentos eram de 100 room nights. O Hotel tem 300 apartamentos.

EXPERIMENTO

Baixaram a tarifa para as seguintes 3 segundas-feiras. Baixaram a US$ 90 para o segmento corporativo e a demanda subiu a 120 room nights.

OTIMIZAÇÃO DE PREÇOS

Para poder alcançar o máximo potencial com nossas tarifas é fundamental poder monitorar nossa concorrência para saber que preços utilizam e com esse dado, e outros mais (já que não é o único), podemos armar nosso plano tarifário.

Entrando no tema de otimização de preços, vamos utilizar uma planilha, que justamente é útil para que possamos realizar um seguimento dos preços dos hotéis da nossa concorrência.

Conhecimentos Básicos e Práticos do Revenue Management Hoteleiro

---

Os dados que vamos usar nessa planilha serão tirados dos Booking Engine ou Motores de Reservas dos hotéis de nosso set competitivo.

Ou seja, que deverá ser feito uma planilha para cada hotel ao qual vamos realizar esse seguimento.

Tomaremos como base dois quartos: o quarto duplo clássico e o duplo superior. Com a tarifa RACK. Também podemos tomar como base uma tarifa não reembolsável.

Os dois dados que vamos utilizar para que nos dê essa tarifa de forma imediata serão: a tarifa média e a desvio standard. O desvio standard mede quanto se separa os dados entre si.

O primeiro que temos que fazer é ingressar o nome do hotel que estaremos realizando esta medição, nesse caso o Hotel Las Vegas.

Depois disso, criaremos uma célula onde diga Data de compra, ingressaremos a data atual, ou seja, a data que iremos realizar a pesquisa, que seria no, por exemplo, o dia de hoje, 26 de abril.

Agora podemos adicionar 3 células chamadas, Data 1, Data 2 e Data 3 vamos ingressar, a data corresponde para cada caso.

Primeiro, vamos contar uma semana a partir do dia de hoje, ou seja, 7 dias depois da Data de Compra. Neste exemplo, já que nossa data de compra é dia 26 de abril, nossa **Data 1** é 3 de maio. Depois, se conta 14 dias, que é o 10 de maio e depois 21 dias, que é o 24 de maio.

O primeiro que temos que fazer é entrar na página web do um hotel do nosso set competitivo e buscar o valor do quarto Duplo Clássico, para o dia 3 de maio. A partir da página web do hotel vemos que para essa data, o quarto duplo clássico, está a USD 179 e o Quarto Superior a Usd 194.

Voltamos a planilha e ingressamos os Usd 179 e Usd 194. Procuramos para o dia 10 de maio os mesmos quartos e encontramos Usd 194 e Usd 204, ingressamos então Usd 194 e Usd 204, e realizamos o mesmo procedimento para o dia 24 de maio, que nos informa que os valores são de Usd 204 para o quarto clássico e Usd 229 para o superior. Voltamos na planilha e ingressamos os mesmos dados, Usd 204 e Usd 229.

Agora, neste caso, temos que preencher para o próximo dia, ou seja, que amanhã, dia 27 de abril, voltamos na página do hotel e realizamos uma nova pesquisa, novamente para os três dias necessários para nossa medição. Ou seja, para o dia 3 de maio, 10 de maio e 24 de maio, para o quarto clássico e o quarto superior.

Conhecimentos Básicos e Práticos do Revenue Management Hoteleiro

Suponhamos que já passou o dia e que hoje é dia 27 de abril, realizo minha pesquisa e vejo que para o dia 3 de maio, o quarto clássico está a Usd 189 e o superior a Usd 204. Para o dia 10 de maio, o clássico está a Usd 204 e o superior a Usd 214. E finalmente, para o dia 24 de maio, vejo que o quarto clássico aparece a Usd 214 e o superior a Usd 239.

Já com esses dados, esta planilha nos disponibiliza as seguintes respostas:

A primeira é a seguinte, que a tarifa média aumentou 10 Dólares em um dia. Percebemos que na primeira vez que medimos que foi neste exemplo, o dia de ontem, 26 de abril, os valores foram exatamente 10 dólares mais barato.

Ou seja, que, para o dia 3 de maio, o quarto clássico aumentou de USD 179 para USD 189 e o superior de USD 194 para USD 204. Já para o dia 10 de maio, o quarto clássico aumentou de USD 194 para USD 204 e o superior de USD 204 para USD 214. E finalmente para o dia 24, o quarto clássico que era USD 204 foi para USD 214 e o superior de USD 229 foi para USD 239.

O desvio standard se manteve igual. O que podemos levar em consideração disso?

Que a tarifa média está aumentando dia ao dia, para este Hotel que temos como concorrência, e de acordo com as tarifas que eles publicam em sua página web, podemos concluir que eles realizam Revenue Management, já que sua tarifa não é fixa, e sim que sobe e baixa constantemente.

DISCRIMINAÇÃO DE PREÇOS

Para poder definir A Discriminação de Preços podemos explicar que: é a Técnica de cobrar diferentes tarifas a consumidores distintos pelo uso do mesmo serviço.

Para poder realizá-la corretamente o primeiro a ser feito é identificar os segmentos de nosso mercado e logo identificar a elasticidade destes segmentos.

Algumas vezes parece incorreto utilizar a palavra discriminação, portanto a partir de agora mencionaremos "Diferenciação de Preços".

Para poder fazer uma boa Diferenciação de Preços, é necessário ter bem marcada as BARREIRAS LÓGICAS ou FÍSICAS, que mencionamos no começo deste livro.

São essas barreiras que fazem com que os clientes que estão dispostos a pagar mais pelo mesmo serviço, não passe à Classe Tarifária dos que estão dispostos a pagar menos.

Com respeito às barreiras físicas ou lógicas, ao que já foi visto e explicado, agregaremos o seguinte:

Se analisarmos a partir do ponto de vista do consumidor temos:

Lugar de Residência (por exemplo, algum desconto por viver na mesma zona em que se encontra o hotel).

Idade (por exemplo, o caso dos aposentados nas temporadas baixas). Possibilidade de Pagamento (por exemplo, pagar em parcelas com cartão de crédito e desconto por pagamento à vista).

Cliente Frequente (por exemplo, pessoas que se hospedam mais de 2 vezes recebem um desconto para a próxima estadia.)

Também podemos ter barreiras por afiliação:

Instituições Inscritas (por exemplo, ter um cartão de desconto ou cliente de determinado cartão).

Membro do Clube de Pontos do Hotel (por exemplo, os "membership rewards" têm muitos hotéis de grandes cadeias).

Afiliação a Instituições (por exemplo, ao Governo, a Empregados Municipais ou Empresas).

Também podemos ter as seguintes barreiras:

Lugar de Compra (quem compra online ou direto com o hotel, por telefone ou walk in).

Antecipação da Compra (se compra com 1 mês de antecedência ou de último momento).

Quantidade Comprada (compra um maior volume de quartos oferece um desconto).

Conhecimentos Básicos e Práticos do Revenue Management Hoteleiro

Uso de Cupons de Desconto (cupons realizados pelo hotel seja em forma impressa ou por e-mails ou por redes sociais).

Temporada (como qualquer hotel, existem temporadas baixas e altas).

Aqui temos um típico exemplo de segmentação e classes tarifárias de uma companhia aérea.

Fare Code	Dollar Price	Advance Purchase	Round Trip	Sat. Night Stay	Percent Nonrefundable
Y	$400	---	---	---	---
B	$200	7 day	Yes	---	50%
M	$150	14 day	Yes	Yes	100%
Q	$100	21 day	Yes	Yes	100%

Como se pode ver claramente na imagem, se comprarmos com maior antecipação que 21 dias podemos ter um preço de 100 dólares, mas

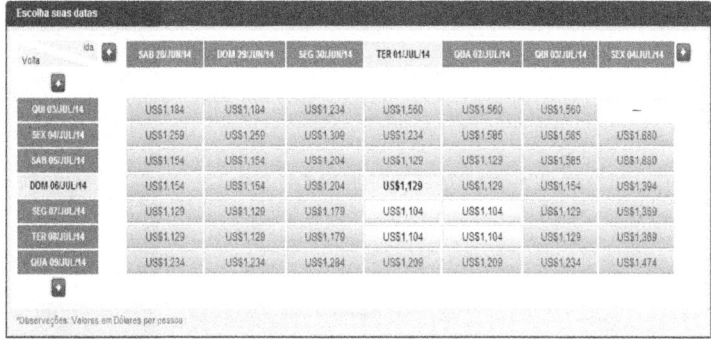

devemos comprar ida e volta e nosso voo deve incluir um sábado. Além de que é 100% não reembolsável.

Enquanto que se compramos 7 dias antes do voo, o valor é mais alto e é obrigatório comprar ida e volta. Mas já não exige-se que inclua um sábado e somente 50% do valor total é não reembolsável.

Neste outro exemplo, é perceptível como se mostra todas as possibilidades de valores e datas, além do buscado que foi 1º de julho, foi dado mais opções ao cliente para que ele possa escolher outra data de acordo com os preços. Algo que não acontece em algumas OTAs ou motores de reservas de hotéis.

Buenos Aires - Miami									
					Tarifa Cabine Económica				Tarifa Cabine Business
Terça-feira 01 julho				Base	Base Plus	Flexible	Full Flexible	Premium Business
Voos	Saída	Chegada	Duração					
LA 4520 → Boeing 767	22:45 (EZE)	07:10 (02 julho) (MIA)	08:25 hrs	Esgotado	US$679.50	US$780.00	US$1,249.50	US$2,130.50
LA 532 → Boeing 767 Conexão em Santiago do Chile LA 500 → Boeing 767	17:40 (EZE)	06:00 (02 julho) (MIA)	13:20 hrs	Esgotado	Esgotado	US$979.50	US$1,249.50	US$1,499.50
LA 2420 → Boeing 767 Conexão em Lima LA 2510 → Boeing 767	04:10 (EZE)	15:55 (MIA)	12:45 hrs	Esgotado	Esgotado	US$780.00	US$1,249.50	US$1,499.50
LA 2428 → Boeing 767 Conexão em Lima LA 2514 → Boeing 767	19:50 (EZE)	07:50 (02 julho) (MIA)	12:00 hrs	Esgotado	US$679.50	US$780.00	US$1,249.50	US$2,130.00
LA 2428 → Boeing 767 Conexão em Lima LA 2510 → Boeing 767	19:50 (EZE)	15:55 (02 julho) (MIA)	21:05 hrs	Esgotado	US$604.50	US$780.00	US$1,249.50	US$1,499.50
LA 4540 → Airbus 329 Conexão em São Paulo LA 8642 → Boeing 777	06:15 (EZE)	17:10 (MIA)	11:55 hrs	Esgotado	Esgotado	Esgotado	US$1,779.00	US$2,130.00

Aqui vemos bem nitidamente a diferença de valor em relação aos horários que saem os voos e os tipos de assentos elegidos.

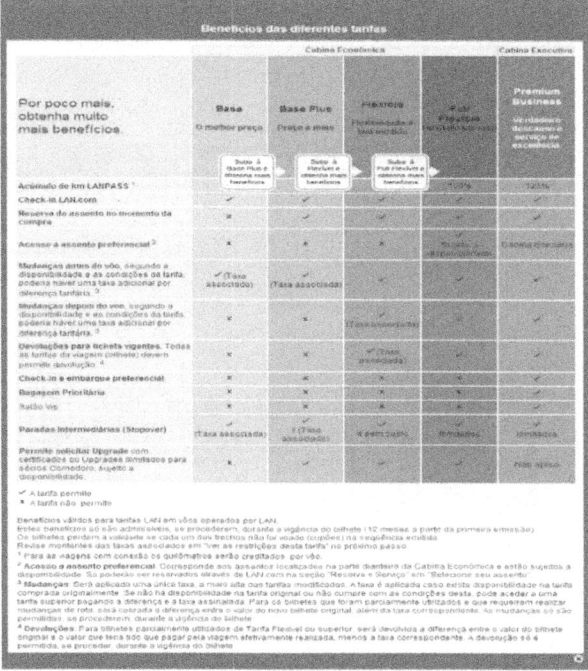

Por último, com este grande quadro está detalhado todas as políticas e benefícios que oferecem cada tipo de tarifa e assento.

Uma OTA que está começando a inovar ao assinalar se tem lugar em outra data, além do que foi pesquisado pelo passageiro, é a BOOKING.COM.

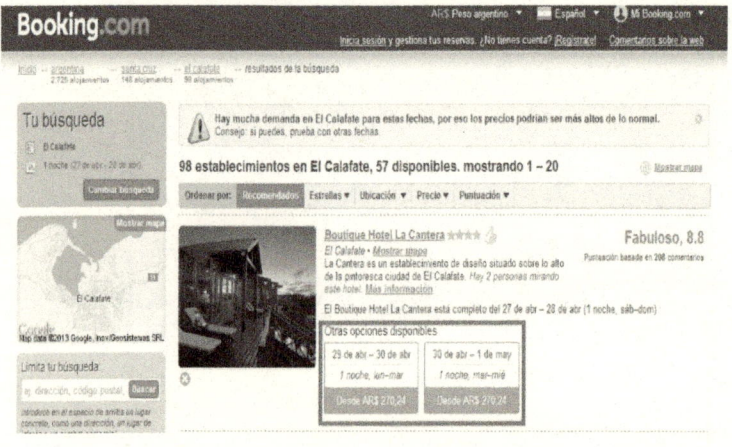

William Joseph Gooding Ortiz

"PROSPECT THEORY"

Para poder explicar essa teoria, iniciaremos com o seguinte jogo:

PERGUNTA 1 – Que opção você escolhe?

Um jogo onde tenha um 50% de chance de receber US$ 1.000 e um 50% de chance de receber US$ 0.

Um Jogo onde recebe US$ 500.

PERGUNTA 2 – Que opção você escolhe?

Jogar um jogo onde tenha um 20% de chance de perder US$ 1.000 e um 80% de chance de perder US$ 0.

Perder diretamente US$ 200.

Nos cursos geralmente se arma um debate, mas geralmente se fossemos lógicos, escolheríamos nos dois casos a opção A, ou em ambos os casos a opção B. A realidade é que na maioria dos casos, escolhem distintas opções em cada uma das perguntas.

Geralmente escolhem o CASH na Pergunta 1(Opção B) e depois escolhem a opção A na Pergunta 2 (quer dizer que decidem tomar o risco em vez de perder diretamente os US$ 200).

A essa situação denominamos "Prospect Theory", suas chaves são:

1ª Chave

Notar que as perdas têm um impacto emocional distinto que o lucro, quer dizer que se um passageiro comprou uma tarifa mais cara e logo encontra uma tarifa mais barata, com as mesmas políticas e restrições, vai gerar um enorme descontentamento.

2ª Chave

Fazer com que os consumidores vejam que terão perdas caso não realizem a reserva, quer dizer que com tarifas de últimos momentos ou não reembolsáveis, e mostrar aos possíveis clientes o que perdem por não reservarem, seja com um melhor preço ou um prêmio extra.

3ª Chave

Entender que uma vez que os consumidores tenham comprado é relativamente fácil que eles paguem um pouco mais por algo mais: seja por um upgrade, uma excursão ou vende-lhes meia pensão.

Conhecimentos Básicos e Práticos do Revenue Management Hoteleiro

Aqui temos um bom exemplo levado a pratica, como fazem as companhias aéreas. Mostram da esquerda à direita como a tarifa vai ficando mais barata e comparam porque que é mais barata a medida que se perde com a tarifa.

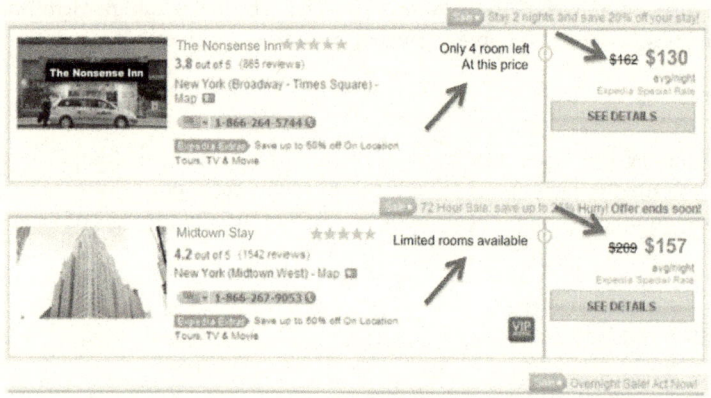

Aqui temos um bom exemplo de EXPEDIA.COM

William Joseph Gooding Ortiz

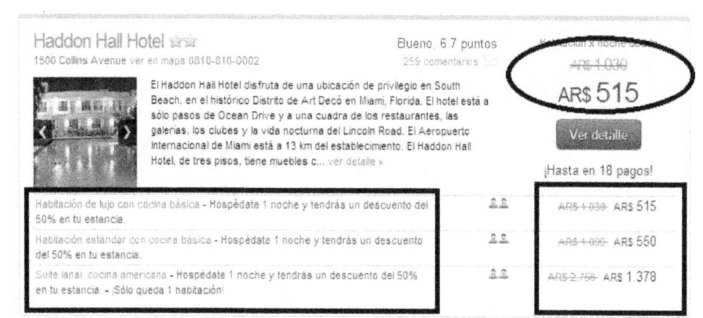

Aqui temos um bom exemplo de DECOLAR.COM

Conhecimentos Básicos e Práticos do Revenue Management Hoteleiro

Aqui temos outro bom exemplo de BOOKING.COM

Quando um consumidor observa os preços que se oferecem menores que os Preços de Referência, eles consideram isso como um Lucro.

Ao contrário, se um Hotel sobe o preço sobre o preço de Referência, o consumidor considera isso como uma Perda.

Agora bem, se aplicamos o "Prospect Theory" como um preço de referência, observe o que acontece de acordo com o exercício.

WINE LIST

House Merlot — Bottle

Flying Goose Merlot.................................. €35
Flying Goose Merlot Reserve.................. €45

William Joseph Gooding Ortiz

Se encontra em um restaurante e recebe duas opções da carta de vinhos. Em uma delas o vinho custa de US$ 35 e a outra é de US$ 45.

Qual você escolhe?

A maioria escolhe a garrafa de US$35.

Em outro caso, te oferecem uma lista com mais opções na carta. A maioria da gente escolheria a de $45.

O segundo mais barato....

Por isso os Preços estão relacionados com a REFERÊNCIA...caro ou barato baseado a que...

TARIFAS VARIÁVEIS VERSUS DINÂMICAS

TARIFAS VARIÁVEIS

Corresponde a ter no mesmo tipo de inventário, Tarifas Diferentes, dependendo do segmento para o qual se vende. Estes preços podem ser oferecidos simultaneamente.

TARIFAS DINÂMICAS

São os preços que vão mudando ao longo do tempo. Os preços variam de acordo com a demanda do Hotel.

CURVAS DE RESERVAS OU "BOOKING CURVES"

Para aplicar Tarifas Dinâmicas é necessário começar a analisar os comportamentos de reserva.

Pode existir uma curva de reserva para cada segmento.

No mundo do Revenue vamos utilizar sempre Tarifas Dinâmicas.

Mudam constantemente e no exemplo a seguir, mostramos um cronograma tarifário de um hotel e a lógica que se aplica de acordo com sua demanda específica.

% OCUP	TARIFA	TEMPORADA	STANDARD	SUPERIOR
0% - 50%	NREF / BAIXA	BAIXA	85	119
0% - 100%	RACK / BAIXA	BAIXA	99	149
0% - 50%	NREF / ALTA	ALTA	99	119
0% - 80%	RACK / ALTA	ALTA	159	192
81% - 100%	MAX RATE	ALTA	175	210
SEMPRE	FECHA ESPECIAL	FECHA ESPECIAL	192	232
	LAST MIN / PROMO	LAST MIN / PROMO	79	99

Como podemos ver este hotel lida com temporadas BAIXAS / ALTAS / DATAS ESPECIAIS, 4 tipos de tarifas NREF ou NÃO REEMBOLSAVÉL, RACK, MAX RATE, DATA ESPECIAL E ÚLTIMO MINUTO OU PROMOCIONAL.

Funciona da seguinte forma, a TARIFA ESPECIAL está sempre ativa nos feriados longos, SOMENTE essa tarifa e nenhuma outra.

Logo, no resto dos dias funciona da seguinte forma, seja em temporada baixa ou alta usa-se a tarifa correspondente à temporada e atua dessa maneira: Coloca a tarifa RACK e NREF ao mesmo tempo. Uma vez que o hotel chega a um 50% de ocupação a tarifa NREF desaparece e fica somente vendendo a tarifa RACK. Agora uma vez que se passou o 80% de ocupação a tarifa RACK se converte no preço da MAX RATE.

Por último, se o hotel não chega às porcentagens de ocupação esperado, o que deve fazer é ativar a tarifa de LAST MINUTE.

PICK UP STANDARD E AMPLIADO

Um termo muito usado em Revenue Management é o Pick Up, que em inglês significa levantar. Agora que é uma planilha de Pick Up?

A planilha serve para ver quantas reservas "levantamos" ou confirmamos em determinado mês.

Com base nessa planilha podemos tomar muitas decisões, mas o mais importante é saber quando se vende em determinado mês.

Quer dizer, por exemplo, poder saber em que momento do ano se vendeu as reservas para dezembro e também ver o dia a dia, ou semana a semana ou mês a mês.

Dependendo da frequência que se atualiza a planilha e de como está a venda de reservas, ou seja, se temos um pick up alto ou um pick up baixo.

					MES DE OCUPAÇÃO			
	30	Jullho	Agosto	Setembro	Outubro	Novembro	Dezembro	Janeiro
Dias do Mês		31	31	30	31	30	31	31
Room Nights Disponíveis		930	930	900	930	900	930	930
RN do Mes		168	178	201	60	55	132	0
RN fim de mes		704	632	542	451	511	376	
Pick up do Mes %		18%	19%	22%	6%	6%	14%	0%
Ocupação Acumulada		76%	68%	58%	48%	55%	40%	0%
Agosto								
RN principio de mes			633	543	454	510	376	
RN do Mes			120	252	174	241	130	0
RN fim de mes			753	795	628	751	506	
Pick up do Mes %			13%	27%	19%	26%	14%	0%
Ocupação Acumulada			81%	85%	68%	81%	54%	0%
Setembro								
RN principio de mes				795	628	751	506	
RN do Mes				-13	126	-59	47	0
RN fim de mes				782	754	692	553	
Pick up do Mes %				-1%	14%	-6%	5%	0%
Ocupação Acumulada				84%	81%	74%	59%	0%

Como podemos ver nesta Planilha, temos colunas e linhas com nomes de meses também. Na primeira linha vemos os dias do mês. Nesta linha se coloca a quantidade de dias que cada mês tem.

Depois temos uma linha que se chama Room Nights Disponíveis. Ela surge da multiplicação da quantidade de quartos que tem o Hotel com a quantidade de dias. Neste Caso o Hotel dispõe de 30 quartos.

Conhecimentos Básicos e Práticos do Revenue Management Hoteleiro

Na linha do mês de agosto, por exemplo, observamos que abaixo temos as Room Nights a princípios do mês, que significa com quantas room nights iniciaremos o mês que estamos medindo. Abaixo se encontra as rooms nights de todo o mês, que é resultado da subtração das room nights do princípio do mês com a linha seguinte, que são as rooms nights do fim do mês. Subtraindo estes dois valores, teremos nesta linha a informação, com quantas room nights o mês foi finalizado.

Logo depois, o Pick Up do mês em porcentagem, que seria o índice de Pick Up que se calcula dividindo a linha de room nights do mês com a linha de room nights disponíveis, ou seja, neste caso, 120 dividido por 930 vezes 100, dando um total de 13%.

E por último temos a linha da ocupação acumulada que é o resultado da divisão das room nights do fim do mês com a linha de room nights disponíveis, ou seja, neste caso 753 dividido por 930 vezes 100, dando um total de 81%.

Muito bem! Agora que sabemos o que significa cada uma dessas linhas, nos resta saber qual ação tomar mês a mês, já que é uma planilha de Pick UP que se utiliza a cada mês. O que devemos fazer é completar cada célula com os dados extraídos do nosso sistema do hotel, por exemplo, suponhamos que estamos no dia 1º de agosto.

O primeiro que fazemos é ir ao mês de agosto e preencher a quantidade de room nights vendidas até este momento para o mês de agosto. Depois neste mesmo dia, ver e preencher a quantidade de room nights vendidas para o mês de setembro, outubro, novembro, etc.

Uma vez completado estes dados, temos que esperar o mês passar.

No final do mês, no dia 31 de agosto, o que teremos que fazer é novamente preencher o mês de agosto, mas dessa vez a linha de room nights para o fim do mês e extrair do sistema do hotel, quantas reservas foram vendidas, finalmente, em todo o mês de agosto, e repetir a mesma ação para o mês de setembro, outubro, novembro, etc. Atualizando todos os meses.

Como as fórmulas já estão programadas, as outras células sozinhas, calcularão os seguintes valores: O Pick UP de agosto, por exemplo, foi de 13%, as room nghts que foram vendidas no mês foram 120 ao total e a ocupação acumulada foi de 81%.

Agora, em setembro, temos os seguintes valores, com os dados obtidos no mês de agosto: Por exemplo: O pick up de agosto para setembro, foi de 27%, as room nights vendidas no mês de agosto para setembro foram 252 ao total e a ocupação acumulada foi de 85%.

Estes dados informam que no mês de agosto, se vendeu 13% da capacidade do Hotel para o mês de agosto e 27% dessa capacidade para o mês de setembro.

Como podemos observar estes dados são bastante importantes, já que nos ajudam a tomar decisões e mais que isso, a saber, identificar o momento ideal para baixar ou subir nossas tarifas.

Com esta planilha podemos comparar um ano com o outro e tomar a decisão de modificar ou não os preços.

CURVAS DE RESERVAS

A curva de reservas é um gráfico onde podemos ver a quantidade de reservas que são confirmadas e com quantos dias de antecedência ao dia do check in. Ou seja, por exemplo, quantas reservas entram 7 dias antes do check in ou 14 dias, ou 30 dias, etc.

Para poder criar um gráfico de Curva de Reservas necessitamos ter um sistema que nos dê essa informação, a chave é que guarde a data em que foi feita a reserva.

Os dados que precisamos para armar o gráfico são as ROH (Reservation On Hand), ou Reservas nas mãos, e também segmentar a planilha com os dias de ingresso de 0 dias antes, a 7 dias antes e assim consecutivamente.

A	B	C	D	E	F
1		Days Before Arrival (DBA)			
2 Stay Date	0	7	14	21	28
3 7/15	150	85	60	30	20
4 7/22	175	120	80	30	10
5 7/29	200	145	55	30	10
6 8/5	170	100	85	20	10
7 8/12	120	80	55	30	5
8					
9 Average ROH	163	106	67	28	11
10 Percent Average ROH	100.0%	65.0%	41.1%	17.2%	6.7%

A	B	C	D	E	F
1		Days Before Arrival (DBA)			
2 Stay Date	0	7	14	21	28
3 7/15	150	85	60	30	20
4 7/22	175	120	80	30	10
5 7/29	200	145	55	30	10
6 8/5	170	100	85	20	10
7 8/12	120	80	55	30	5
8					
9 Average ROH		=AVERAGE(B3:B7)	=AVERAGE(C3:C7)	=AVERAGE(D3:D7)	=AVERAGE(E3:E7)	=AVERAGE(F3:F7)
10 Percent Average ROH		=B9/$B$9	=C9/$B$9	=D9/$B$9	=E9/$B$9	=F9/$B$9

Assim como vemos na planilha, temos as colunas com os DBA (Days Before Arrival ou Dias Antes do Check In), e as filas com os dias de ingresso.

Em cada célula, completar com quantas room nights foi encerrado cada dia.

O quer dizer que, no dia 15/07, 28 dias antes desta data, o dia terminou com 20 reservas, depois, 21 dias antes, terminou com 30, 14 dias antes, terminou com 60, 7 dias antes com 85 e neste mesmo dia (15/07) terminou com o total de 150 reservas.

Logo abaixo, mostramos o Average ROH ou ROH Médio, que é a soma de todos os dias da coluna 0, por exemplo, dividido pela quantidade de dias de chegada. Neste caso somando desde o 150 até o 120 e dividindo por 5, dando um total de 163.

E o Porcent Average ROH ou ROH Porcentual que se calcula multiplicando o Average Roh total deste dia e multiplica por 100 e dividido pela Average ROH total, que neste caso é 163.

Por exemplo, se vamos à coluna de 28 dias antes do check in o Average Roh é 11, assim que fazemos: 11 x 100 / 163 e nos da 6.7%.

Com os outros dados da planilha, nós podemos realizar um gráfico que ficaria da seguinte forma:

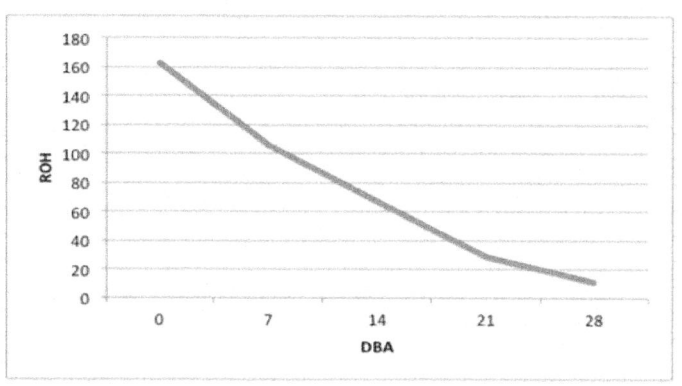

O que podemos analisar por meio deste gráfico é:

Conhecer as Antecipações.

Saber em que momento começar a subir as Tarifas ou baixá-las.

Saber em que momento encerrar as Classes Tarifárias.

Não se desesperar se o ROH é baixo. Sempre olhar as Curvas.

Provar e fazer modificações nas Classes Tarifárias para ver se a Curva de Reservas muda.

Conhecimentos Básicos e Práticos do Revenue Management Hoteleiro

---

Para concluir esta unidade podemos realizar uma pergunta.

Qual é a lógica dos preços?

O lógico é que os preços subam à medida que se aproxima da data de check in.
Já que se um cliente comprou a US$ 100 e depois vê a mesma reserva publicada a US$ 80, se incomodará muito.

Por isso é que muitas OTAs começaram a oferecer seguros contra modificações de preços por um adicional. Por exemplo, a Orbitz.com.

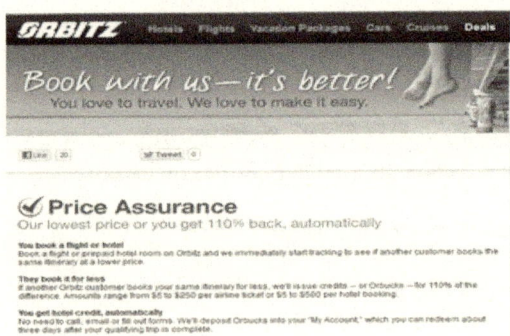

William Joseph Gooding Ortiz

Exatamente como se vê na imagem, se existir uma baixa de preço de último momento, eles mudam a tarifa feita pela mais barata. Chamam isso de Asseguradora de Preços.

Outra opção que temos é a tarifa LAST Minute, mas devemos usá-la com muito cuidado e NÃO todo o tempo.

Não é prudente ter uma rotina em Oferecer Baixas Tarifas a último momento, já que assim os clientes se acostumam em somente comprar a último momento.

Para isso podemos usar (sobre tudo em cidades grandes) canais Opacos como Hotwire.com, que depende de Expedia.com.

O Hotwire.com é uma página, da Expedia.com e funcionada como se fosse um canal opaco. O se entende por canal opaco? É um canal onde as pessoas podem comprar pesquisando por zonas, por exemplo:

Direciono minha pesquisa para Nova Iorque e me aparecem diferentes opções de zonas, ou bairros, ou pontos específicos. Como por exemplo, Times Square, Chelsea, na La Guardia, entre muitos outros pontos.

Conhecimentos Básicos e Práticos do Revenue Management Hoteleiro

O que representa essa página? Que as pessoas podem comprar um hotel sem saber o nome, por exemplo, neste caso. A pessoa poderá comprar um hotel em Times Square, na zona de Teatros por US$ 236, e somente depois de terem comprado o hotel, essa pessoa saberá qual foi o hotel que efetivou a compra.

UNIDADE 4

Ferramentas Práticas do Revenue Management

Objetivos da Unidade:

Nesta Unidade trataremos com muitas das ferramentas práticas que foram mencionadas durante o livro.

A lógica desta unidade é ir do *menor ao maior*, mediante um processo lógico de Revenue Management. A ideia deste processo lógico é que primeiro categorizem e classifiquem os dados, para logo depois medi-los e só então ter informação para analisar.

Uma vez analisada a informação, começamos a fixar Objetivos e a delinear uma política de Revenue Management, para logo então monitorar a mesma, controlá-la e ajustá-la.

TEMAS DA UNIDADE

Os temas desde Unidade são baseados em uma série de Passos a seguir para elaborar um Plano de Revenue Management. Esses são os passos a seguir:

1. Segmentação de Hóspedes e Clientes
2. Classificação de Tarifas
3. Set Competitivo
4. Indicadores de Gestão Histórica
5. Painel de Controle Geral
6. Tarifa e Ocupação de Equilíbrio
7. Desenvolvimento de Classes Tarifárias
8. Fixação de Objetivos

William Joseph Gooding Ortiz

SEGMENTAÇÃO DE HÓSPEDES E CLIENTES

SEGMENTAÇÃO DE HÓSPEDES E CLIENTES I

Antes de começar o tema, primeiro realizaremos uma prévia classificação, relacionada com as diferenças entre Hóspedes e Clientes. Os Hóspedes são aqueles que UTILIZAM o Hotel. São os que se HOSPEDAM. São àqueles a quem o Hotel presta seus serviços.

Enquanto que os Clientes são aqueles que COMPRAM e PAGAM. Por exemplo, as Operadoras ou as Agências de Viagem realizam reservas para terceiros e depois são pagas. Percebam que a pessoa que realizou a reserva NÃO é quem se hospeda, e sim, são aquelas pessoas que a Agência envia com a reserva já feita. Por isso é importante diferenciar um do outro.

Vamos exemplificar. A Agência de Viagem XTours vende a João Pires e sua mulher uma viagem de 7 dias a Cancun no México. Escolhem o Hotel Sol y Playa Cancun, sendo assim, a agência solicita ao Hotel uma reserva em nome de João Pires para 2 pessoas. Neste caso, o Cliente é a Agência X Tours e os HÓSPEDES são João e Nélida Pires.

Por isso é importante dentro do PMS ou Software Hoteleiro estar diferenciado os HÓSPEDES dos CLIENTES. Já que NÃO são iguais.

Porém, em algumas oportunidades um HÓSPEDE é igual a um CLIENTE. Ou melhor, algumas vezes um HÓSPEDE é um HÓSPEDE e CLIENTE ao mesmo tempo. Isso acontece nas reservas que para o hotel são diretas.

Por exemplo, suponhamos que João e Nélida, ao invés de reservar por uma agência, decidiu pesquisar por conta própria, por Internet. Escolheram o Hotel Sol e Playa Cancun, então decidiram chamar o hotel e reservar, optando por realizar o pagamento no momento do check in. Nesta situação hipotética, João e Nélida foram Clientes e Hóspedes ao mesmo tempo.

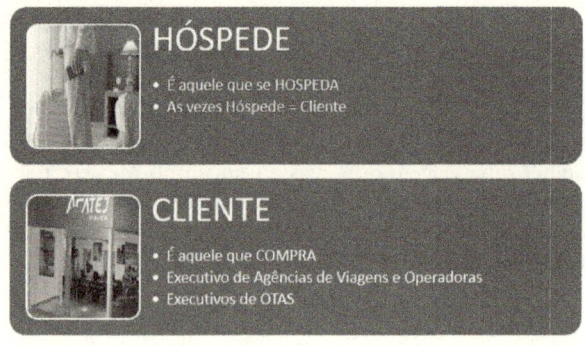

Mas para poder SEGMENTAR de uma forma efetiva, um bom ponto de partida é começar a analisar os hóspedes que se hospedam em nosso hotel e os CLIENTES que compram. Ou seja, que além da percepção ou SENSAÇÃO que temos do perfil de clientes e hóspedes, temos que primeiro classificá-los e analisá-los.

Por isso que o INÍCIO é adquirir informações de HÓSPEDES E CLIENTES em nosso SOFTWARE hoteleiro ou PMS. Acreditamos que é vital ter a maior informação possível no PMS.

Para ter uma análise correta, é importante RECOLHER a maior quantidade de DADOS, para que depois, esses DADOS sejam ordenados e classificados para que se transformem em Informação e esta Informação se transforme, após ser analisada e entendida, em CONHECIMENTO.

Vamos dar um exemplo concreto com os HÓSPEDES:

Tanto no momento da reserva, do check in ou durante a estadia, o Hotel pode recolher vários tipos de informação de seus hóspedes. Somente ao perguntar alguns dados como: NOME, SOBRENOME, NACIONALIDADE, IDADE, MOTIVO DA VIAGEM, INTERESSE, GRUPO FAMILIAR, ETC. Tudo se torna DADOS. É superimportante que todo o Hotel tenha consciência da importância que é pedir tais dados, tomar os mesmos e registrá-los. Esse é o pontapé inicial, sem dados não temos nada.

Depois de classificar a Informação no PMS e ordená-la, através de certos reportes podemos saber, por exemplo, que a Nacionalidade Principal de nossos Hóspedes é a italiana por exemplo.

Que o principal Continente emissor é a Europa.

Ou que o Principal motivo de viagem é por Turismo ou Prazer.

Com isso temos INFORMAÇÃO, já que os dados se encontram ordenados e classificados.

Mas CONHECIMENTO é algo distinto. Requer um passo mais.

Requer que essa informação esteja relacionada e que nos ajude a tomar decisões.

Por exemplo, poder saber que os Espanhóis, de uma faixa etária de 35 a 40 anos e que jogam golf, pagam uma tarifa um 40% mais cara que a média de hóspedes do Hotel. Isso sim é CONHECIMENTO. Já que nos permite tomar ações concretas.

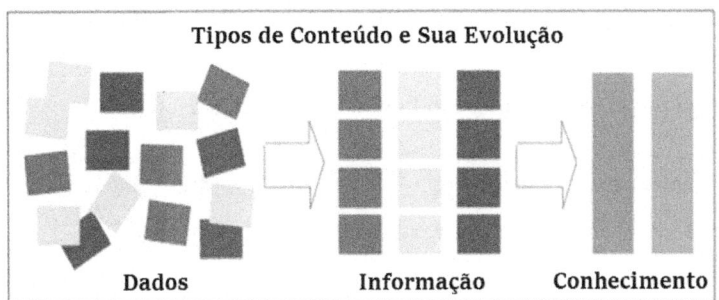

Por isso dizemos que NÃO EXISTEM DESCULPAS. Todo o Hotel deve tomar consciência da Importância de recolher os dados e carregá-los no sistema. Sem dados não existe informação, sem informação não existe conhecimento. Por isso devemos monitorar o trabalho de nossos recepcionistas e executivos de reservas para estarmos pendente de que os dados estão sendo carregados. Não existe desculpas, devemos encontrar a melhor maneira de tomar a maior quantidade de dados possíveis de nossos hóspedes.

SEGMENTAÇÃO DE HÓSPEDES E CLIENTES II

Aqui por exemplo, temos um Print do um Software Hoteleiro.

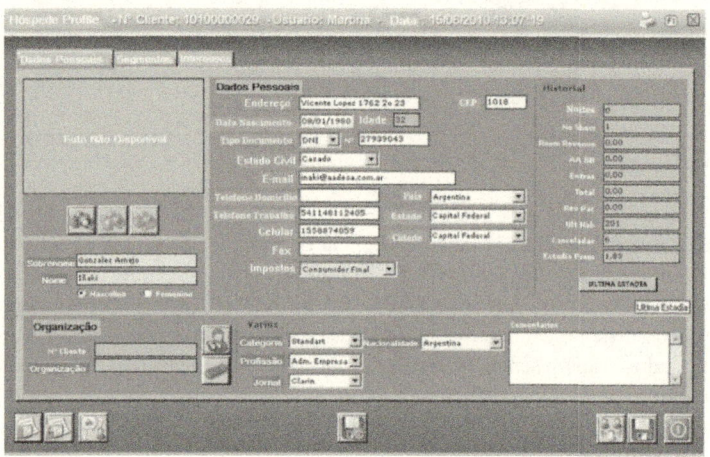

Esta tela mostra dados de um Hóspede, abaixo da aba de Dados Pessoais. Aqui podemos ingressar dados como NOME, SOBRENOME, SEXO, DATA DE NASCIMENTO, ENDEREÇO, EMAIL, TELEFONE, CELULAR, PAÍS, NACIONALIDADE, CIDADE, PROFISSÃO, ETC.

William Joseph Gooding Ortiz

Imaginem a quantidade de dados que podemos recolher para que no último passo possamos ter conhecimentos concretos e tomar ações.

Por exemplo, saber a Data de Nascimento dos Hóspedes permite que depois possa ser enviada uma mensagem em seu aniversário, seja por e-mail ou por carta.

A importância de saber a profissão de nossos hóspedes nos permite detectar, por exemplo, que 50% deles são Contadores Públicos. Esse conhecimento é ideal para tomar ações específicas a determinados grupos, como com o Conselho de Profissionais de Ciências Econômicas.

Saber a Nacionalidade de nossos hóspedes nos permite conhecer de onde proveem os hóspedes que nos escolhem. O mesmo ocorre se analisamos o Continente de Origem.

Muitos desses dados já são informados quando o hóspede realiza a reserva, já que muitos desses dados são solicitados. Outras vezes não. Por isso que é importante também o Formulário de Registro.

Conhecimentos Básicos e Práticos do Revenue Management Hoteleiro

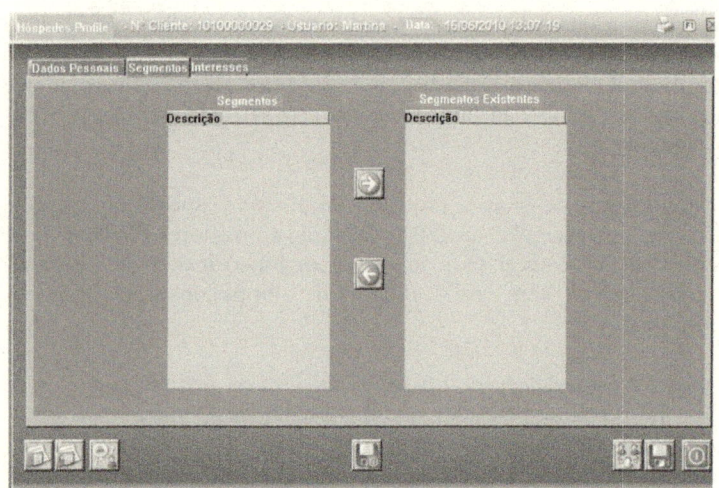

Nesta tela estamos vendo o mesmo hóspede, mas pela aba SEGMENTO. Esta é uma das classificações mais importantes. Já que aqui devemos colocar o Segmento ao que o Hóspede pertence.

Na coluna esquerda do sistema temos os segmentos. Podemos criar quantos segmentos for necessário. Na coluna direita temos os segmentos já existentes. Ou seja, aquele segmento ao qual foi destinado o hospede em questão.

É extremamente fácil conseguir esses dados. É necessário somente que no Formulário de Registro do Hóspede, tenha um lugar específico onde pergunte qual o principal motivo da viagem, negócios ou prazer. Já com isso podemos entender mais sobre segmentos.

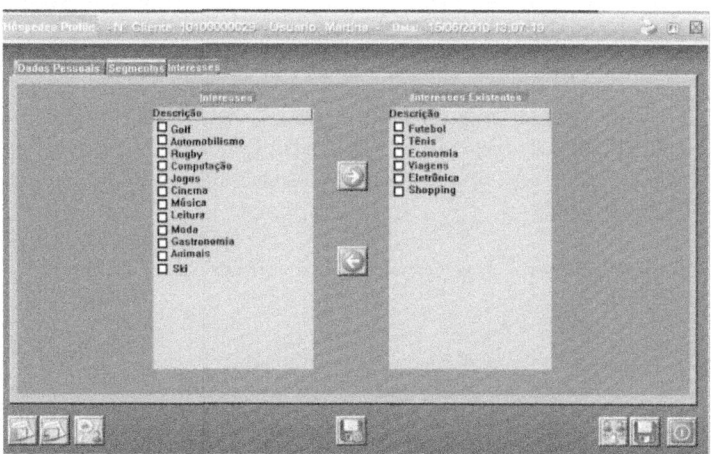

Nesta tela estamos vendo o mesmo hospede, mas através da aba "Interesses". A ideia de conhecer os interesses de nossos clientes é identificar aqueles que gostam com aqueles que se importam. Por exemplo, saber o número de hóspedes que se interessam por fazer compras, ou quantos gostam de fazer esportes ou quantos se interessam mais pela cultura.

O fator positivo desse sistema é que podemos criar os interesses que quisermos, sendo adicionadas na Coluna de Interesses, e cada vez que ingressamos os dados de um hóspede, podemos escolher os interesses da coluna que corresponde a este hospede em particular.

Para dar um exemplo, suponhamos que somos um Hotel ecológico no Pantanal. Podemos adicionar o Interesse Birdwatching, e cada vez que um hóspede com esse tipo de interesse, os classificamos dessa maneira no PMS.

Estes interesses também podem ser informados através do Formulário de Registro.

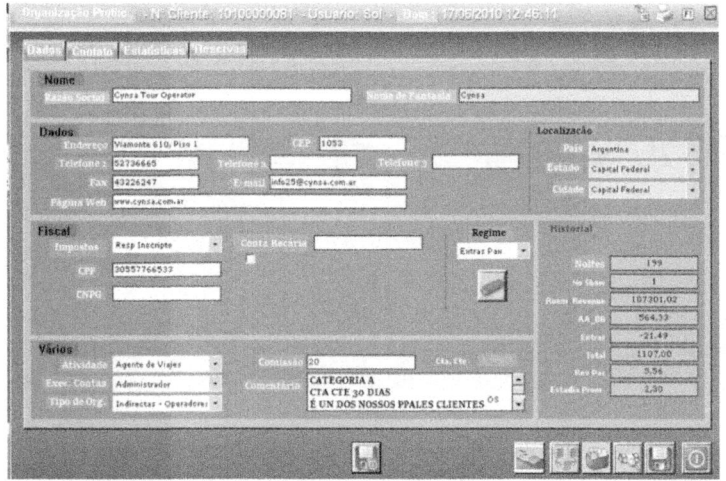

Aqui já deixamos de ver HÓSPEDES e começamos a ver CLIENTES. Neste caso o sistema denomina os Clientes como ORGANIZADORES.
O mais importante de um cliente na hora de classificá-lo é determinar QUE TIPO DE CLIENTE É.

Ou seja, é uma agencia de viagens? É uma OTA? É uma operadora de turismo? É um cliente direto? Veio através da web do hotel?

Por isso que no campo que informa o tipo de organização devemos ter previamente criado os TIPOS, para depois selecionar o mais apropriado para cada cliente.

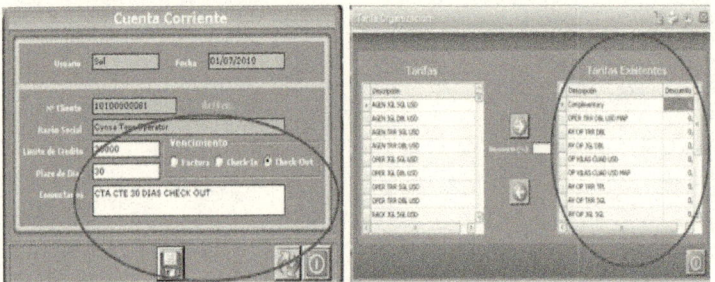

Agora veremos como destinamos a cada cliente as distintas classes tarifarias que temos habilitadas, assim como os dados de pagamento, como, por exemplo, a conta corrente deste cliente ou o cartão virtual. Isso facilita o ingresso de informações no sistema.

Vemos aqui que este cliente tem habilitada uma conta corrente onde deverá pagar as reservas dentro de 30 dias depois da data do check out. Também vemos quais são as tarifas existentes selecionadas para este cliente.

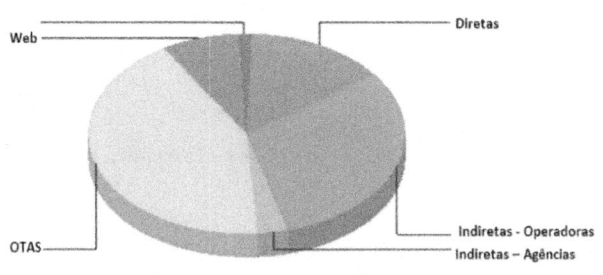

	1,29%
Diretas	14,25%
Indiretas - Operadoras	31,07%
Indiretas - Agências	3,03%
OTAS	42,61%
Web	7,75%
Total:	100,00%

Neste caso veremos como tirar a informação necessária do sistema, como por exemplo, o Reporte do tipo de clientes do hotel. Aqui podemos ver que o hotel em questão vende:

31,07%a clientes indiretos que são as operadoras de turismo.
42,61% a clientes que são as OTAS.
14,25% a clientes de forma direta, seja por e-mail ou por telefone.

3,03% a clientes indiretos que são agências de viagem minoristas.
7,75% pela web.
1,29% sem classificação (que representa os clientes que não foram categorizados)

Por isso sugerimos que ingressem os dados e classificá-los o quanto antes.

ALGUMAS IDEIAS DE SEGMENTAÇÃO

A segmentação dependerá de pura e exclusivamente dos distintos públicos que se hospedam no hotel.

Aqui mencionamos algumas delas, categorizadas de 3 maneiras. Não é necessário que utilizem todas. O importante é que identifiquem se algum destes fatores implica em comportamentos distintos dos hóspedes ou clientes de seu hotel.

POR HÓSPEDE

IDADE – ESTADO CIVIL – SEXO – NACIONALIDADE – PROFISSÃO – INTERESSES – CORPORATIVO – LEISURE – ETC

POR CLIENTE / ORGANIZAÇÃO

LOCALIZAÇÃO NA CADEIA – NACIONAL/ESTRANGEIRO – COMISSÕES – OFFLINE/ONLINE – LEISURE – CORPORATIVO

POR HÓSPEDES:

Idade:

As distintas idades dos passageiros implicam necessidades distintas, diferentes possibilidades de preços a pagar. Por exemplo, existem hotéis que não aceitam menores ou famílias com crianças. Agem dessa maneira porque seu segmento principal são casais sem filhos, portanto o ruído de crianças causaria desagrado aos hóspedes. Também existem hotéis que só aceitam adolescentes que fazem viagens de graduação.

Estado Civil:

Existem hotéis que têm setores de apartamentos e espaços comuns somente habilitados para "sozinhos e sozinhas". Claramente, destinado ao segmento que se encontra solteiro e sem compromisso.

Sexo:

Existem hotéis, por exemplo, localizados em zonas petroleiras que são ocupadas pelo sexo masculino, que são os trabalhadores dos poços de petróleos que dormem nos hotéis próximos à plataforma.

Nacionalidade:

Este tipo de segmentação é um dos mais típicos. Em forma concreta colocamos como exemplo: Brasileiros em Buenos Aires; Argentinos em Punta del Este, Espanhóis em El Calafate, etc.

Profissão:

Existem hotéis que detectam segmentos em função dos profissionais. Por exemplo, os hotéis próximos ao Vale do Silício, na Califórnia, têm um grande componente corporativo, mais especificamente da indústria de tecnologia. Assim como os hotéis ao redor dos Tribunais de Justiça de grandes cidades têm um grande componente de advogados.

Interesses:

Este segmento trata de identificar os distintos interesses dos hóspedes e elaborar classes tarifárias especiais que contentam estas atividades. Por exemplo, shopping ou compras para os hotéis de Miami, Teatro e Broadway para os de New York, Golfistas, etc.

Corporativo:

Este se trata de um dos segmentos básicos por excelência. São aqueles que viajam por negócios.

Leisure:

Este também se trata de um dos segmentos básicos por excelência. São aqueles que viajam por turismo e não por negócios.

POR CLIENTE / ORGANIZAÇÃO

Localização na Cadeia:

É importante identificar cada organização, em que lugar da cadeia de comercialização se encontra. Se é uma Operadora Maiorista (Atacadista), uma Operadora Receptiva, uma Operadora Emissiva ou uma Agência de Viagens Detalhistas (Varejista). Identificar que lugar se estabelece cada organização, nos ajudará a determinar a % da comissão a dar a eles.

Nacional versus Estrangeiro:

Esta é uma classificação clássica. Trata-se de diferenciar se as organizações que nos compram são de nosso país ou são estrangeiras.

Offline / Online:

Trata-se de identificar se são operadoras ou agências de viagem online ou off-line. Ou melhor, tradicional versus online ou Operadoras e Agencias versus OTAs.

Leisure versus Turismo:

Existem Agências ou Operadoras que só vende a determinados segmentos. Por exemplo, Carlson Wagonlit só trabalha com o público corporativo.

UMA VEZ IDENTIFICADOS OS SEGMENTOS

De um enorme número de hóspedes ou clientes, temos que passá-los por um filtro e identificar os distintos segmentos. Cuidado, a ideia não é apenas segmentar.

De nada serve separar os que usam camisa verde dos que usam camisa vermelha, se ambos compram a mesma tarifa, desejam a mesma habitação, têm a mesma média de estadia e necessitam da mesma forma de pagamento.

Para que segmentar algo que se comporta igual? A ideia de segmentar é identificar segmentos que se comportem distintos, que tenham diversas necessidades e que ESTEJAM DISPOSTOS A PAGAR DE VÁRIAS FORMAS!

Uma vez realizada a Segmentação, devemos determinar cada um deles:

ITENS A AVALIAR	SEGMENTO A	SEGMENTO B	SEGMENTO C	SEGMENTO D
Tarifa dispostos a pagar?				
Que tipos de Quartos querem?				
Que coisas NÃO renunciam?				
Duração Média da Estadia?				
Anticipação das Reservas?				
Forma de pago que escolhem?				
Comportamento em frente a No Shows				
Comportamento em frente a Cancelamentos				

Classificação de Tarifas

O que nunca podemos perder de vista, é em que condições nós vendemos. Conversamos durante o livro inteiro sobre RevPar, e isso nos ensinou que não devemos olhar apenas para a ocupação. É por isso que devemos saber como nós vendemos nosso hotel. A tarifa média dá uma indicação da média de todas as tarifas que vendemos. Mas o que deve importar é, por exemplo, saber como foram nossas vendas em abril de 2013? Com muita tarifa promocional ou com muita tarifa Rack?

Por isso temos de começar por classificar as tarifas. E até, antes disso, codificá-las.

Para aqueles que usam um PMS é essencial que codifiquem as tarifas. Quanto melhor codificamos e classificamos as tarifas em nosso sistema, melhor informação estatística sairá das mesmas.

NOMENCLATURA DAS TARIFAS

Devemos encontrar uma nomenclatura com o objetivo de codificar as tarifas.

Aqui deixamos uma proposta, mas é claro que existem muitas alternativas. O que é importante é que sejam consistentes durante o tempo.

Aqui propomos uma Nomenclatura:

CANAL + TIPO DE HABITAÇÃO + BEDDING + MOEDA

OPER STD BDL USD = É uma tarifa para Operadoras de uma Habitação Standard com cama Doble e cuja moeda é o dólar americano.

OTA SUP SGL USD = É uma tarifa para OTAs, de uma Habitação Superior com cama Single e cuja moeda é o dólar americano.

WEB DLX TRP USD = É uma tarifa que se compra através da própria web do hotel, de uma Habitação Deluxe, Triple e cuja moeda é o dólar americano.

CLASSIFICAÇÃO DA TARIFA

Uma vez que a tarifa tem uma nomenclatura correspondente, devemos proceder para classificar essa tarifa. Ou seja, nos perguntar – De que se trata essa tarifa? É uma tarifa promocional? É uma tarifa cara? É uma tarifa de convênio?

Aqui vamos gerar os TIPOS DE TARIFAS que são necessárias. O importante é que ajude a tomar decisões.

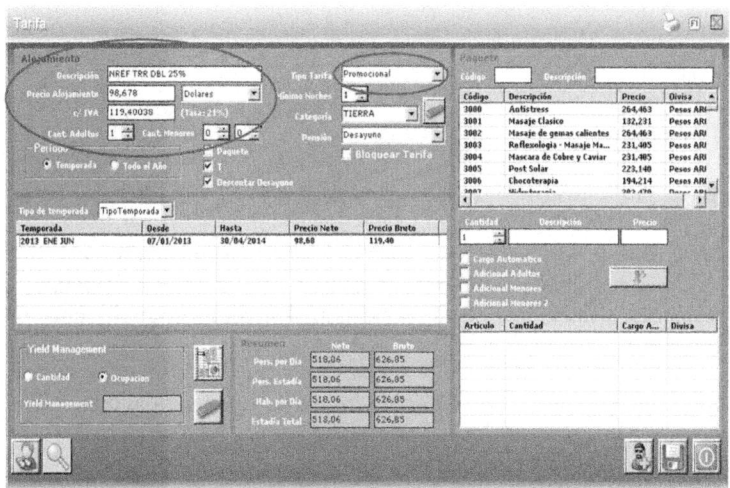

Mostramos nesta tela o nosso Software Hoteleiro, onde classificamos a Tarifa. Colocando a categoria "Promocional", já que é uma tarifa de desconto. Por ter sido qualificada, em seguida, o PMS poderá dar uma estatística de quanto é vendido.

Podemos pensar, por exemplo, em quatro tipos muito simples de tarifas:

Max Rate

Rack ou Standard

Tarifa Convênio

Tarifa Promocional

Max Rate são tarifas que usamos para vender muito caro. Por exemplo, em ocasiões especiais ou quando está muito elevada à taxa de ocupação e subimos a tarifa ou quando descobrimos que há uma alta demanda.

Rack ou Standard, nos referimos às tarifas que temos publicadas ou na web. São as famosas tarifas de balcão.

Tarifa Convênio são tarifas líquidas negociadas com as Operadoras e Agências de Viagens, que geralmente têm comissões que variam de 20% a 30%.

Tarifa Promocional são as tarifas de desconto. Por exemplo, o caso típico são as Tarifas Não Reembolsáveis ou Promoções Pontuais que realizamos. Uma vez classificadas, já podemos começar a obter estatísticas de como foram às vendas de um hotel em determinado mês.

Tipo de Tarifa	Reservas	Noites	Revenue US$	Tarifa Média	% Noites	% Revenue
Max Rate	10	20	$ 3.000	$ 150	1%	3%
Rack ou Standard	60	120	$ 14.400	$ 120	8%	15%
Tarifas Convênio	200	400	$ 32.000	$ 80	26%	34%
Tarifa Promocional	500	1000	$ 45.000	$ 45	65%	48%
Total	770	1540	$ 94.400	$ 61	100%	100%

Aqui vemos um quadro onde mostramos como foram as vendas do hotel, com diferentes tipos de tarifa.

Vemos que este hotel no mês de abril 2013 vendeu 65% em forma promocional (em termos de noites). Quer dizer que teve que recorrer muito à venda de desconto. Mas se analisarmos a venda promocional em termos de receita e lucro, podemos dizer que foram apenas 48%.

SET COMPETITIVO

A pior coisa que um hotel pode fazer é definir suas tarifas sem se preocupar com sua concorrência. Todos os hotéis possuem uma margem competitiva que dão aos clientes e hóspedes uma variedade de produtos para escolher.

É por isso que quando definimos as tarifas, não devemos só olhar para dentro, mas também para fora.

Hoje em dia, a Reputação On line (as avaliações que deixam os clientes) nas páginas de comentários como TripAdvisor ou como nas mesmas OTAs, desempenham um papel fundamental na escolha dos hóspedes, pelo tipo do Hotel.

Suponhamos a seguinte situação, o Hotel A está localizado a um quarteirão do Hotel B. O Hotel A e B tem uma tarifa de US$ 100,00. O Hotel A é recomendado por 92% dos hóspedes e tem uma pontuação de 9,3 nas OTAs. Enquanto que o Hotel B é recomendado por apenas 80% e tem uma pontuação de 8,0 nas OTAs. Qual será o hotel que o hóspede vai escolher? Obviamente, que o Hotel A.

É por isso que devemos começar a definir nosso Set Competitivo, que se refere à concorrência direta do hotel. E isso não significa apenas aos hotéis próximos.

Em vez disso, nos referimos a hotéis comparados pelos hóspedes em pesquisa on-line antes de efetuar a compra.

Para elaborar o Set Competitivo devemos começar olhando para os nossos concorrentes.

William Joseph Gooding Ortiz

O primeiro passo e um dos mais complexos é definir quais são os concorrentes. Como mencionado anteriormente, um erro conceitual é pensar em hotéis apenas dos arredores.

O problema não é na localização, mas sim na semelhança, a proximidade não é a única variável.

Devemos nos colocar no lugar do hóspede.

Conhecimentos Básicos e Práticos do Revenue Management Hoteleiro

Uma coisa que pode ser feita é procurar nosso hotel na *Booking.com* e, em seguida, ir para a parte inferior. Então *Booking.com* nos mostrará quais são os hotéis semelhantes ao nosso.

Com este algoritmo *Booking.com* detecta os hóspedes que pesquisaram um hotel geralmente pesquisam outros. Quando detecta um padrão de conduta, eles determinam quais são os hotéis que são semelhantes.

Esta é uma maneira onde podemos determinar alguns hotéis do nosso Set Competitivo Também podemos fazer a mesma análise em *TripAdvisor*.

HOTEL	ESTRELAS	PONTUAÇÃO TRIP ADVISOR	PONTUAÇÃO BOOKING.COM	JAN	FEV	MAR	ABR	MAI	JUN	JUL	AGO	SET	OUT	NOV	DEZ	MÉDIA
Hotel Mare Sur	***	5	9,5	$ 250	$ 230	$ 150	$ 90	$ 90	$ 90	$ 200	$ 90	$ 90	$ 90	$ 120	$ 150	$ 135
Hotel Lobo Azul	***	4,5	9	$ 175	$ 161	$ 105	$ 63	$ 63	$ 63	$ 140	$ 63	$ 63	$ 63	$ 84	$ 105	$ 95
Hotel Playa Dorada	***	4	8,5	$ 150	$ 138	$ 90	$ 54	$ 54	$ 54	$ 120	$ 54	$ 54	$ 54	$ 72	$ 90	$ 81
Hotel El Delfin	***	4	8	$ 150	$ 138	$ 90	$ 54	$ 54	$ 54	$ 120	$ 54	$ 54	$ 54	$ 72	$ 90	$ 81
Hotel Las Algas	***	4,5	9	$ 150	$ 138	$ 90	$ 54	$ 54	$ 54	$ 120	$ 54	$ 54	$ 54	$ 72	$ 90	$ 81

Uma vez detectado, listamos em uma grade e começamos a carregar informações sobre cada um deles. Aqui podemos encontrar um exemplo feito com hotéis fictícios localizados na costa.

O Set Competitivo não deveria ter mais que 5 ou 6 hotéis. Ou seja, o nosso mais outros 4 ou 5 hotéis.

Começamos determinando as estrelas de cada hotel. Logo agregamos na seguinte coluna a pontuação de TripAdvisor. Na seguinte coluna, pesquisamos a pontuação que cada um desses hotéis possui em *Booking.com* e anotamos.

Depois, ocorre uma análise tarifária onde selecionamos um critério. Neste caso, buscamos a Tarifa mais econômica, em dólares, por noite, em base Doble e sem impostos. Assim, mês a mês, durante o ano, vamos completando a Tarifa correspondente em função do Booking.com, por exemplo.

Uma vez completado, na última coluna temos a Média dessas Tarifas, que nos informará a Tarifa Média desses hotéis.

Com esta análise temos duas questões cobertas. Por um lado, o Serviço ou Qualidade de Atenção do Hotel e por outro lado a Tarifa. Já podemos começar a analisar o Preço / Qualidade de cada hotel para saber quem é competitivo e quem não é.

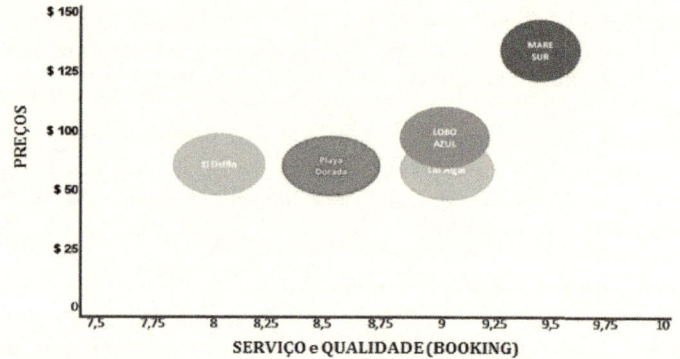

Em função da informação revelada na célula, podemos armar um Mapa Set Competitivo com dois eixos. Um deles é o eixo horizontal, onde colocamos o serviço, enquanto que no vertical colocamos o preço/tarifa. Em função dos resultados que vamos ter na célula, completamos a localização de cada hotel dentro do mapa.

Por exemplo, o Hotel Mare Sul, tem uma pontuação de 9,5 pontos em Booking.com e uma tarifa média para o ano de US$ 135 + Impostos.

Enquanto que o Hotel Algas tem uma pontuação de 9 pontos na Booking.com e uma tarifa de US$ 81.

Obviamente, podemos detectar que há uma oportunidade para o Hotel Las Algas para começar a cobrar mais caro. Uma vez que em termos relativos, está perto de ter a pontuação do Mare Sul, mas cobra muito, muito menos. E ao mesmo tempo está cobrando igual outros hotéis que têm a pontuação menor.

Esta ferramenta é fundamental para determinar onde o nosso hotel está parado, que fatores precisam melhorar e quais ações devem ser tomadas com relação à tarifa.

INDICADORES DE GESTÃO HISTÓRICA

ANÁLISE DE HISTÓRICO DE DADOS

O quarto passo é analisar os dados históricos do hotel. As famosas estatísticas. Devemos entender que a melhor maneira de prever o futuro começa com a compreensão do passado.

Mas não podemos analisar bem o passado senão tivermos bem classificadas e categorizadas as informações. Daí a importância e a nossa insistência em uma correta carga de informações nos Sistemas Hoteleiros.

OCUPAÇÃO

A ocupação é um indicador que divide a Quantidade de Habitações Ocupadas pelas Habitações Disponíveis para venda.

% OCUPAÇÃO = HABITAÇÕE OCUPADAS / HABITAÇÕES DISPONÍVEIS PARA VENDA

MANAGER REPORT (K007)
Data: 31/10/2012 00:00:00

	Dia	Mês	Ano	Dia AA	Mês AA	Ano A
QUARTOS TOTAL	30	930	8.406	26	758	7.310
QUARTOS FORA DE USO	0	0	42	0	0	0
QUARTOS ATIVOS	30	930	8.364	26	758	7,31
QUARTOS EM REPARAÇÃO	0	2	72	2	16	372
QUARTOS DISPONÍVEIS À VENDA	30	928	8.292	24	742	6.938
QUARTOS OCUPADOS	29	839	7.140	24	708	6.293
QUARTOS DISPONÍVEIS	1	89	1.151	0	34	645
PORCENTAGEM DE OCUPAÇÃO	97	90	85	10	93	86
PORCENTAGEM DE DISPONIBILIDADE	3	10	14	0	5	9

Conhecimentos Básicos e Práticos do Revenue Management Hoteleiro

Um hotel que dispõe de 100 quartos, que no mês de abril teve 3.000 quartos disponíveis para venda e ocuparam 2.500, podemos dizer que tem uma % de Ocupação de 83,33%.

Aqui vemos um relatório tirado do sistema hoteleiro, que nos mostra um hotel de 30 habitações e a % de Ocupação do dia 31/10/2012.

Vemos que nas colunas, se realizam as análises a nível dia (31/12/2012), a nível mês (outubro de 2012) e a nível ano. E a direita, a nível de tudo que foi acumulado no ano anterior a 2012. Assim que em seguida, realize a mesma comparação contra o mesmo período do ano passado (AA).

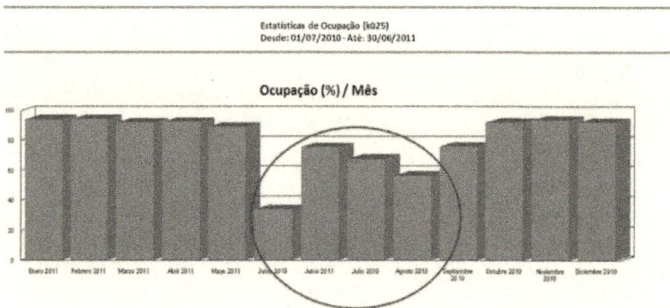

Ter uma estatística gráfica ajuda a ver visualmente onde os picos altos e baixos de ocupação dos hotéis estão localizados. É sempre bom que o software hoteleiro disponha de estatísticas gráficas.

TARIFA MÉDIA E REV PAR

A Tarifa Média é um indicador que resulta da divisão da Renda/Receita ou Capital do Alojamento do período pelo número de quartos ocupados no período.

TARIFA MÉDIA = RENDA DO ALOJAMENTO / HABITAÇÕES OCUPADAS.

A receita do hotel foi de US $ 120.000,00 de alojamento, obtido através da ocupação de 900 quartos em um mês, podemos afirmar que tem uma Tarifa Média de US$ 133,33.

Conhecimentos Básicos e Práticos do Revenue Management Hoteleiro

MANAGER REPORT (K007)
Data: 31/10/2012 00:00:00

	Dia	Mês	Ano	Dia AA	Mês AA	Ano A
QUARTOS TOTAL	30	930	8.406	26	758	7.310
QUARTOS FORA DE USO	0	0	42	0	0	0
QUARTOS ATIVOS	30	930	8.364	26	758	7,31
QUARTOS EM REPARAÇÃO	0	2	72	2	16	372
QUARTOS DISPONÍVEIS À VENDA	30	928	8.292	24	742	6.938
QUARTOS OCUPADOS	29	839	7.140	24	708	6.293
QUARTOS DISPONÍVEIS	1	89	1.151	0	34	645
PORCENTAGEM DE OCUPAÇÃO	97	90	85	10	93	86
PORCENTAGEM DE DISPONIBILIDADE	3	10	14	0	5	9
TARIFA MÉDIA	663	652	554	465	517	491
REVPAR	640	588	473	0	483	420
REVPAC	3	934	791	0	671	613

Aqui continuamos com a análise do mesmo hotel de 30 habitações no mesmo período de tempo.

Também vemos aqui o RevPar, já previamente analisado em outras Unidades.

William Joseph Gooding Ortiz

Estatística de Tarifa Média (KD28)
Data: 01/07/2010 - Até 30/06/2011

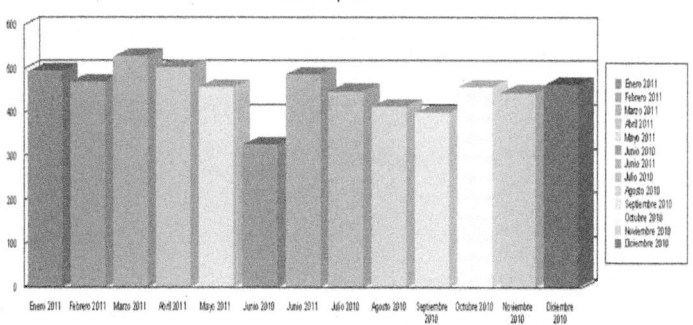

Estatística de REVPAR (KD29)
Data: 01/07/2010 - Até 30/06/2011

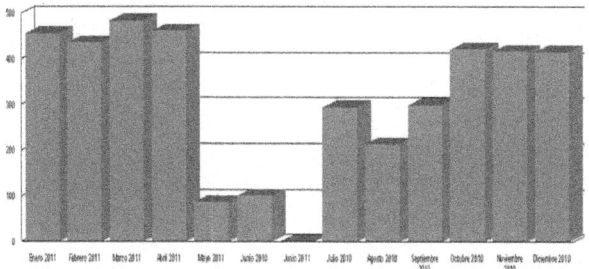

Conhecimentos Básicos e Práticos do Revenue Management Hoteleiro

Uma análise gráfica nos ajuda a entender e visualizar a questão.

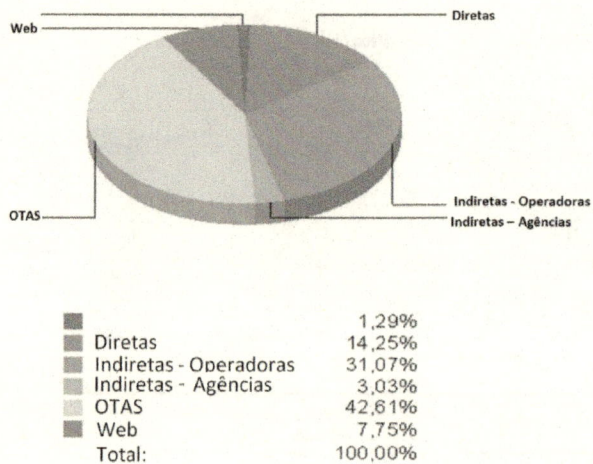

	1,29%
Diretas	14,25%
Indiretas - Operadoras	31,07%
Indiretas - Agências	3,03%
OTAS	42,61%
Web	7,75%
Total:	100,00%

Aqui vemos como está composto o mix de canais por onde se vende nosso Hotel.

Desta estatística concluímos que o hotel faz vendas:

14,25% em Forma Direta
7,75% pela Web do Hotel
31,07% por Operadoras de Turismo
42,61% pelas OTAS
1,29 se encontra sem Classificação por erro na Alta de Organizações do PMS

HISTÓRICO DE TIPO DE TARIFA

Tipo de Tarifa	Reservas	Noites	Revenue US$	Tarifa Média	% Noites	% Revenue
Max Rate	10	20 $	3.000 $	150	1%	3%
Rack ou Standard	60	120 $	14.400 $	120	8%	15%
Tarifas Convênio	200	400 $	32.000 $	80	26%	34%
Tarifa Promocional	500	1000 $	45.000 $	45	65%	48%
Total	770	1540 $	94.400 $	61	100%	100%

Se quiserem saber o histórico, dos tipos de tarifa que vendemos, esta análise que vimos anteriormente, pode ajudar.

Conhecimentos Básicos e Práticos do Revenue Management Hoteleiro

Outros

MANAGER REPORT (K007)

Data: 31/10/2012 00:00:00

	Dia	Mês	Ano	Dia AA	Mês AA	Ano A
QUARTOS TOTAL	30	930	8.406	26	758	7.310
QUARTOS FORA DE USO	0	0	42	0	0	0
QUARTOS ATIVOS	30	930	8.364	26	758	7,31
QUARTOS EM REPARAÇÃO	0	2	72	2	16	372
QUARTOS DISPONÍVEIS À VENDA	30	928	8.292	24	742	6.938
QUARTOS OCUPADOS	29	839	7.140	24	708	6.293
QUARTOS DISPONÍVEIS	1	89	1.151	0	34	645
PORCENTAGEM DE OCUPAÇÃO	97	90	85	10	93	86
PORCENTAGEM DE DISPONIBILIDADE	3	10	14	0	5	9
NO SHOW	1	12	77	0	20	117
WALK-IN	0	1	29	0	1	41
DAY USE	0	0	4	0	0	0
NOCHES POR GRUPOS	0	0	191	0	20	340
ROOM REVENUE DE GRUPO	0	0	17.828	0	2.355	8.828
TOTAL REVENUE DE GRUPO	0	0	0	0	0	0
COMPLIMENTARY	1	5	92	0	11	82
HOUSE USE	0	0	9	0	0	38
RACK	8	214	2.744	0	167	1.899
CORPORATIVO	1	54	106	0	0	0
AGÊNCIAS DE VIAGENS	0	0	59	0	12	65
PROMOÇÕES	0	21	582	0	89	1.699

Também é importante ter estatísticas, por exemplo, dos No Shows que tivemos do mês ou do ano. Assim como a série histórica dos mesmos.

PAINEL DE CONTROLE GERAL

Vimos na análise histórica um monte de informações espalhadas que lança o PMS do Hotel. Mas o importante é reunir toda essa informação e resumi-la em uma única folha.

Desta forma, podemos ter os dados mais importantes para a gestão do hotel em um único lugar.

É por isso que, neste momento, vamos resumir todos os dados históricos na planilha mostrada abaixo.

QUARTOS TOTAL	30				
	31	30	31		
Item	Mes 1	Mes 2	Mes 3	Acumulado Trimestre	
Room Nights	600	700	800	2100	
Room Nights Possíveis	930	900	930	2760	
% de Ocupação	65%	78%	86%	76%	
Revenue Alojamento	$ 130.000	$ 150.000	$ 190.000	$ 470.000	
Tarifa Média	$ 217	$ 214	$ 238	$ 224	
RevPar	$ 140	$ 167	$ 204	$ 170	
% Diretas	20%	20%	15%	18%	
% Web	10%	5%	7%	7%	TIPO DE
% Operadoras e Agências	40%	40%	45%	42%	ORG
% OTAS	30%	35%	33%	33%	
% Max Rate	15%	15%	20%	17%	
% Rack ou Standard	40%	35%	30%	35%	TIPO DE
% Tarifa Convênio	10%	0%	0%	3%	TARIFA
% Tarifa Promocional	35%	50%	50%	45%	
Cancelações	5%	6%	7%	6%	
No Shows	2%	3%	1%	2%	

- Aqui vemos o Painel de Controle.
- Resumimos todas as variáveis históricas vistas até o momento.
- Analisamos a ocupação do hotel, mês a mês, ou pelo ano inteiro

- Analisamos também a tarifa média, a receita do hotel e o Rev Par.

Na mesma planilha, incluímos o mix de canais e organizações. Ou seja, a cada mês e, cumulativamente, a quem foram vendidos. Também o Mix de Tarifas. Quer dizer, com que tipo de tarifas as vendas têm sido feitas.

Existem alguns PMS que têm essas planilhas incorporadas. É por isso que recomendamos que comece a usá-la.

SITUAÇÃO A			
Canal	% que se Vende	Comissão	Comissão Ponderada
% Diretas	10%	0%	0%
% Web	5%	0%	0%
% Operadoras	60%	20%	12%
% OTAS	25%	20%	5%
			17%

SITUAÇÃO B			
Canal	% que se Vende	Comissão	Comissão Ponderada
% Diretas	20%	0%	0%
% Web	10%	0%	0%
% Operadoras	35%	20%	7%
% OTAS	35%	20%	7%
			14%

Algo que demonstra o painel de controle é começar a analisar a Comissão Média do Hotel. Quer dizer, qual é a % de intermediação que o hotel tem para vender. Aqueles hotéis que vendem muito em forma direta (0 % Comissão) terão uma comissão média mais baixa em relação aqueles que vendem indiretamente ou através de muitos intermediários.

Considere o gráfico onde temos um hotel específico na situação inicial (situação A), vemos que tem uma mix de canais determinado.

Na coluna "Canal", vemos o tipo de organização ou o canal através do qual o hotel faz suas vendas. Na coluna "% que se Vende" vemos quanto produz por noites esse canal.

Na coluna "Comissão" temos a comissão aproximada que esses canais nos cobram para que possamos vender com eles.

E na última coluna e mais importante é a "Comissão Ponderada", porque dela obtemos a % de comissão ponderada de cada canal. O cálculo da mesma coluna surge da multiplicação da comissão pela porcentagem de venda do canal.

Comissão Ponderada = % de Venda do Canal X Comissão desse Canal
Realizamos o exemplo com o Canal de OTAS.
Comissão Ponderada OTAS = 25 % x 20% = 5%

Se, depois, somarmos todas as comissões ponderadas, o resultado será 17%. Isso significa que o hotel tem uma comissão média de 17% por vendas. Para cada US$ 100 que vende, destina US$ 17 para pagar comissões de intermediários.

Veja o que acontece na situação B, que é onde o Hotel decide começar a vender mais em forma direta. Desenvolve uma nova página web e capacita seu departamento de reservas e consegue depois de um ano um novo mix de canais. Após priorizar os canais que têm menos comissão, conseguiu reduzir 3 pontos (de 17% para 14%), por começar a vender mais em forma direta e mais por seu próprio site.

TARIFA E OCUPAÇÃO DE EQUILÍBRIO

Agora vamos iniciar o tema da TARIFA E OCUPAÇÃO DE EQUILIBRIO.

Até o momento analisamos as tarifas da competência. Assim como também analisamos os dados históricos e estatísticos que ingressamos no PMS.

Mas, devemos começar a analisar qual a tarifa e a ocupação que nos permite o equilíbrio econômico de nosso hotel. Ou seja, com que ocupação e a que tarifa podemos cobrir os gastos do hotel, e que o hotel não ganhe nem perca.

É importante saber então esse valor, e não é muito difícil de estimar, já que são mais fáceis de prognosticar que a receita. Uma vez os gastos surgem de uma análise que já conhecemos, que é a quantidade de empregados e seus respectivos salários, os insumos, os serviços públicos, a manutenção, entre outros.

CUSTO	US$	%
Recursos Humanos	$ 30.000	55%
Insumos	$ 8.000	15%
Café da Manhã	$ 5.000	9%
Serviços	$ 4.000	7%
Impostos Variáveis	$ 4.000	7%
Outros	$ 3.500	6%
TOTAL CUSTO MENSAL	$ 54.500	100%

Aqui podemos ver o gasto mensal de um hotel com 30 quartos. Estão representados por porcentagem de cada gasto que o Hotel tem. A moeda em questão é o dólar.

Como podemos ver, o gasto do staff ou funcionários representa o 55% dos gastos s totais do hotel.

Quartos do Hotel:	30 Habs
Dias do Mês	30 Dias
Quartos Disponíveis à Venda x Mês	900 Room Nights

Tarifa Hipotética:	110 U$D
Room Nights para Cubrir Custos	495 Room Nights
Ocupação de Equilíbrio	55%

OCUPAÇÃO DE EQUILÍBRIO (OE) = CUSTOS TOTAIS / TARIFA HIPOTÉTICA

E uma vez conhecendo esses valores, devemos começar a analisar a tarifa média e a ocupação.

Continuamos dando como exemplo o hotel de 30 quartos, que em 30 dias no mês, tem disponível 900 room nights, ou seja, quartos disponíveis para a venda.

Partimos de uma tarifa hipotética, em função do que figura na análise do set competitivo.

Neste caso, a tarifa hipotética é de 110 dólares.

Se dividimos os gatos totais por esta tarifa seria, usd 54.500 dividido por usd 110, que é igual a 495. Sabemos então que devemos ocupar um total de 495 room nights para terminar o mês em 0. Ou seja, para estar em equilíbrio, não ganhar nem perder.

Se dividirmos essas 495 room nights com as 900 disponíveis para o mês, nos dá um 55%. Isso significa que o ponto de equilíbrio em função a esta tarifa hipotética é de 55% da ocupação.

Ou seja, que o hotel não perde nem ganha quando tem o 55% da ocupação com a tarifa de usd 110.

É fundamental conhecer os pontos de equilíbrio do hotel para saber a partir de qual ponto o hotel começa a dar um resultado positivo.

Recordem que primeiro devem calcular os gastos de seu hotel e depois, a partir de uma tarifa hipotética, que deve ser tirada de uma análise do set competitivo.

CLASSES TARIFÁRIAS

Até o momento vimos como segmentar por hóspede e por cliente, também vimos como classificar as distintas tarifas, como analisar o set competitivo e começamos a analisar os dados históricos resumindo tudo em um painel de controle.

Tudo isso para depois entender a comissão ponderada do hotel e logo determinar a tarifa e a ocupação de equilíbrio.

Agora vamos ver novamente as classes tarifarias vistas na unidade 1 e na unidade 2.

O importante desta parte é que vamos tentar aplicar tudo o que foi aprendido no livro durante estas 4 unidades.

	Quarto Standard	Quarto Superior	Quarto Deluxe
Quantidade	60	30	10
Camas	1 Cama King /Twin	1 Cama King/twin	2 Camas King/twin
Vista	Pátio Interno	Vista Oceano	Vista Oceano
Tamanho	25 m2	33 m2	45 m2
Extras	-	Jacuzzi	Jacuzzi - Sacada
Amenities Banheiro	Shampoo + Condicionador + Sabão	Kit de 10 Amenities	Luxo + Batas
Segmento	Latino Americanos	Europeus	Norte Americanos

Vamos começar pelas barreiras físicas que são as mais fáceis e mais palpáveis.

Conhecimentos Básicos e Práticos do Revenue Management Hoteleiro

Desenvolveremos o exercício com um hotel do caribe. Podemos ver que existem três tipos de quartos que principalmente são diferentes no tamanho, na quantidade de camas, nos amenities, nos extras, etc. Contamos com 60 quartos standard, 30 superiores e 10 deluxe. Ou seja, que este hotel tem um total de 100 quartos.

Foi identificado que tipo de quarto prefere cada tipo de hóspede. Por exemplo, podemos ver que os Norte Americanos preferem os quartos amplos, com duas camas e muitos amenities. Enquanto que os europeus preferem os quartos mais básicos.

	NON REF	RACK
Anticipação	3 a 4 meses	1 a 2 meses
Forma de Pago	Pré-Pago	Ao Check Out
Cancelação	Não se pode	15 dias 1 Noite de Penalidade
No Show	100% Penalidade	100% Penalidade
Segmento	Norte Americanos	Europeus
Desconto	20%	Sem Desconto

Depois temos as barreiras lógicas. Que são aquelas que NÃO são palpáveis.

Identificamos 3 tipos de barreiras. As Não Ref (ou não reembolsáveis), as RACK e a última que se chama PROMOÇÃO.

A cada uma dessas barreiras colocamos inúmeras variáveis como o requerimento de antecipação de compra, a forma de pagamento, as penalidades de cancelamento, o no show, o desconto e o segmento para quem está orientado.

Por exemplo, podemos ver que os Norte Americanos desejam obter um 20% de desconto por comprar em forma não reembolsável, enquanto que os europeus gostariam de ter um 20% de desconto, mas não compram em maneira não reembolsável por terem que pagar em forma antecipada.

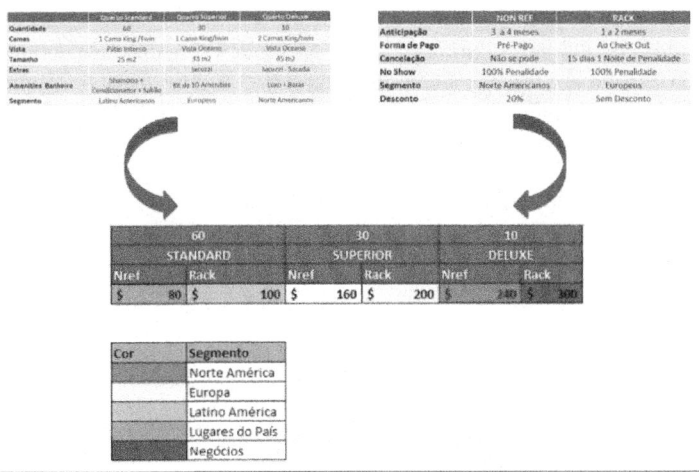

Depois vemos como, entre barreiras físicas e lógicas, se pode armar as classes tarifárias.

Quer dizer que é a combinação de coisas físicas com lógicas. Por um lado, os tipos de quartos e por outro lado os distintos tipos de condições.

Assim que destinamos uma tarifa para cada uma dessas classes, que obviamente devem levar em consideração os preços relevantes do set competitivo e sobre tudo, devem levar em consideração o que cada segmento está disposto a pagar.

Vemos em diferentes cores o que pensa o hotel sobre que tipo de tarifa cada segmento irá escolher. Por exemplo, vemos que os latinos americanos escolhem a tarifa de usd100 por um quarto standard com uma RACK, ou seja, uma condição de venda normal.

Porém ainda falta mais informação. Falta o que chamamos de tarifas dinâmicas. Ou seja, dentro de uma mesma classe tarifária, permite que o preço varie ao longo do tempo.

	60 STANDARD		30 SUPERIOR		10 DELUXE	
	Nref	Rack	Nref	Rack	Nref	Rack
Do 0% ao 63% de Ocupação	$ 80	$ 100	$ 160	$ 200	$ 240	$ 300
Do 64% ao 100% de Ocupação	$ 96	$ 120	$ 192	$ 240	$ 288	$ 360

Assim que decidimos introduzir os pontos de quebra. Mas como vimos na unidade 2, esses pontos de quebra não podem ser arbitrários. E sim que devem ser resultados de uma análise estadística do passado.

É por isso que realizamos uma análise estatística (semelhante ao que vimos do vendedor de jornais, se lembra?) E aplicamos a LEI DE LITTLEWOOD.

Depois de exercer a analise percebemos que quando o hotel chega a 64% de ocupação, é conveniente parar de vender classes tarifárias baixas e começar a vender classes tarifárias altas.

É por isso que introduzimos esses pontos de quebra.

Aqui vemos como as tarifas sobem um 20% uma vez que passamos o ponto de quebra.

Desta maneira temos as classes tarifárias armadas e prontas para serem comercializadas.

FIXAÇÃO DE OBJETIVOS

Depois de ter organizado as classes tarifárias, devemos continuar a fixar os Objetivos do Revenue Management. Ou seja, de um Orçamento de Renda mês a mês. E um orçamento "significa" muitas coisas. A ideia é tentar prever a melhor tarifa média possível e a ocupação.

Para um orçamento adequado, devemos sempre olhar os dados históricos, tentando entender a tendência do mercado e fazer os ajustes ao histórico.

Mas ter um objetivo nos dará um horizonte para saber em que direção apontar.

A ideia do objetivo é poder SEMANALMENTE controlar o grau de cumprimento dos mesmos.

Considere este exemplo:

OBJETIVOS HOTEL RIVER PLATE - TEMPORADA 2					
	30	30	31	31	31
ITENS	Junho	Final	Julho	Parcial	Ago
Tarifa Suites sem Impostos e sem Comissões	110	95	140	150	130
Quantidade de Quartos do Hotel	60	60	60	60	60
% Ocupação	75%	80%	80%	65%	80%
Total Receita Alojamento - US$	$ 148.500	$ 136.800	$ 208.320	$ 181.350	$ 193.440
% Objetivo de Ocupação		107%		81%	
% Objetivo de Tarifa		86%		107%	
% Objetivo Receita		92%		87%	

Para cada mês, definimos metas. Que são Ocupação e Tarifa Média. Esses números nos dão um resultado de faturamento ou renda mensal, que é especificamente o que queremos.

Por exemplo, para junho 2013 temos um objetivo de US$ 100 e uma ocupação média de 75% para Hotel River Plate com 60 habitações. Isso nos dá um Faturamento Objetivo de US$ 148.500.

Na coluna ao lado de junho (Final) figurará os resultados obtidos. Excedeu o objetivo de ocupação, mas não o de Tarifa Média. E o pior é que não atingiu o objetivo da Renda. Esse objetivo foi cumprido em 92%.

Conhecimentos Básicos e Práticos do Revenue Management Hoteleiro

---

Suponhamos que estamos em 10 de julho de 2013. Isto significa que os resultados de julho são parciais. Quer dizer que é moldada pela ROH (Reservation On Hand) que o hotel tem no dia 10 de julho. Nesta data específica do mesmo mês, está sendo cumprido o Objetivo de Tarifa, mas não o de ocupação.

O que não importa já que para o Hotel restam 20 dias dentro do mesmo mês para seguir ocupando. Uma sábia decisão a tomar para atingir a meta de julho seria baixar levemente as tarifas para aumentar a ocupação e alcançar o objetivo.

Isso devemos estar fazendo a cada semana. Ajudará a determinar onde estamos e quais ações devem ser tomadas.

VOCABULÁRIO DE REVENUE MANAGEMENT

OTA (Online Travel Agency)

São Agências de Viagens Online onde se reservam hotéis. Ex.: Booking.com, Decolar.com, Expedia, etc. Estas agências de viagens têm crescido muito nos últimos tempos. Cada vez que as OTAs vendem uma noite na habitação de um hotel, se cobra uma % por esta venda.

PMS (Property Management System)

É o software de Gestão Hoteleira. O mesmo se utiliza para carregar reservas, realizar check in e check out, faturar, realizar cobros nos fólios dos hospedes, coordenar o trabalho de housekeeping, e nos dar estatísticas de ocupação, tarifa média e outros.

CHANNEL MANAGER

Software que integra várias OTAs em uma única plataforma, onde se carrega a disponibilidade e tarifas que replicam automaticamente nos portais ou OTAs associados. Isso diminui drasticamente o tempo e evita erros na gestão diária das OTAs.

ADR (Average Daily Rate)

Tarifa Diária Média do Hotel. Resulta da divisão do capital total do alojamento pela quantidade de noites de habitações ocupadas no mês.

OC (Occupancy Rate)

Porcentagem de Ocupação. Resulta da divisão da quantidade de habitações ocupadas no mês pela quantidade total de habitações disponíveis naquele período.

REV PAR (Revenue per Available Room)

É um índice que combina a tarifa média com a porcentagem de ocupação. É o capital por habitação disponível. Este índice combina os dois índices anteriores e é muito mais significativo na hora de avaliar a gestão de um hotel.

BOOKING ENGINE

O Motor de Reservas é uma ferramenta localizada na Página Web do Hotel, onde o hospede pode auto reservar sua estadia sem a necessidade de chamar por telefone ao hotel ou de realizar uma consulta. Pode-se consultar a disponibilidade do tipo de habitação e as tarifas para uma data específica e reservar diretamente desde a página web do hotel.

SEO (Search Engine Optimization)

Técnica usada para posicionar o hotel nos primeiros lugares nos mecanismos de busca da Internet (Google, Yahoo), em base a palavras chaves associadas a palavras que utiliza o usuário para a pesquisa. Por exemplo, figurar os primeiros lugares cada vez que alguém pesquisa por "hotéis em Buenos Aires".

SEM (Search Engine Marketing)

É parecido ao SEO, porém com uma diferença, que é sobre um formato pago e de publicidade. Ou seja, que são escolhidas as palavras chaves, se destina um valor por click a cada uma delas e se desenvolve um Anúncio. É a versão paga do SEO

OVERBOOKING

Conhecida como "Sobrevenda", é a técnica baseada em vender mais habitações do que o hotel tem disponível, em função da análise de No Show e Cancelamentos que tem o Hotel. Desta maneira o hotel se assegura em ter a máxima ocupação possível.

NO SHOW

Término utilizado quando o hospede não se apresente ao hotel, na data e nos horários reservados. Não é avisado os motivos da ausência.

MIN LOS (Minimum Length of Stay)

Significa a duração de uma estadia mínima aceitada pelo hotel. Por exemplo, se decidimos que o mínimo de estadia é de 2 noites, não estaremos aceitando hospedes que desejam se hospedar somente por uma noite no hotel.

CUT OFF ou RELEASE

Ferramenta usada pelas OTAs para definir o mínimo de dias em que o passageiro poderá reservar antes da sua chegada. Por exemplo, se o CUT OFF ou RELEASE é de dois dias, isso quer dizer que não se poderá reservar com 1 dia de antecipação da data de chegada.

Made in the USA
Coppell, TX
25 February 2022

74055930R00142